カラー版

やってみよう!
車中泊

大橋保之

車中泊専門誌『カーネル』編集長

730

中公新書ラクレ

はじめに

子どもの頃、押し入れの中に入って遊んでみたことはないだろうか？　暗闇で狭いのに、なぜかワクワクして、親に見つからないように小声で兄弟と話したり。中に自分の宝物を持ち込んで、奥のほうに飾ってみたり。小さな電気スタンドとマンガを持ち込んで、こっそりジュースも持ってきちゃったりして……。まさに自分だけの秘密基地！

でも、結局すぐにバレちゃうんだけどね。最後は、「何やってんの！」なんて親の怒鳴り声と同時に、戸を開けられて、すぐに押し入れ内を元に戻すことになる。でもまた内緒で潜んで、またバレて……の繰り返しだったように思う。

さて、「車中泊」の魅力を紹介する本書。その冒頭に、なぜ、「少年時代の押し入れ体験」を紹介したか？　それは「車中泊」の人気の秘密が、じつはこの「押し入れ体験」と通じるものがあるからだ。

大人になって、あの胸躍る気持ちを感じることができる！　しかも、お気に入りの場所に行ってみて、そこであの気分が味わえる。それが車中泊の人気の秘密……というだけでは、さすがにちょっと乱暴すぎるので、もう少し付け加えたい。（というか、以下が本命!?）

そもそも車中泊って何？　というと、書いて字のごとく、クルマの中で泊まること。「それが楽しいの？」とよく聞かれるのだけど、それが楽しいのだ。

私が編集長を務めている『カーネル』は、「クルマで寝る＝カー寝る」という意味の誌名で、「車中泊を楽しむ雑誌」として、２０２１年６月現在で記念すべき50号までを発行している。この『カーネル』において「車中泊」とは、豪華なキャンピングカーから、ベッドなどを自分で設置したＤＩＹカー、そして無改造の一般車まで、「クルマで寝ればすべて車中泊」と広く定義している。

とはいえ、すべてが同じ「車中泊」かというと、そうではない。なかでも大きく分けられるのが、キャンピングカーと「一般車での車中泊」だろう。就寝&生活のための設備が常設されたキャンピングカーと、そういった設備を何ももたない一般車では、やはり「寝方」は大きく変わってくるからだ。

そして、現在、車中泊ブームを牽引《けんいん》している「バンライフ」も忘れてはいけない。生活の一部に車中泊を取り入れて、多拠点で仕事をするライフスタイル。生活や旅の行程を発信していくインフルエンサーが多いのも特徴。

また、各地で仕事+休日を楽しむという「ワーケーション（ワーク+バケーション）」や、「リモートワーク」に車中泊を活用する人も、今後はさらに増えていくことが予想できる。

そもそも「車中泊」が日本全体で広まったのは、1980年代後半から90年代前半のスキーブームが大きく関係している。当時、大混雑のスキー場で、朝の駐車場待ちとリフト待ちを少しでも回避する方法のひとつが、車中泊で前泊して朝イチから滑り始めることだった。そうしてアウトドア・アクティビティを早朝もしくは夜に楽しむために、前泊や後泊の「手段」として、車中泊は自然と広がっていったと想像できる。

現在でも、アウトドア・アクティビティとともに車中泊を楽しむ人々は多い。しかし時代とともに、さらに多種多様化してきているところも車中泊の面白さだ。

会社を定年退職した60代以上の方々が、数年前から車中泊ユーザーに定着。ソロもしくは夫婦がほとんどで、観光の手段として車中泊を活用している。数週間から一ヵ月という長期間のクルマ旅を楽しんでいる人が多い。

焚き火やBBQといったキャンプ行為を加えたハイブリッド型もいま人気だ。90年代にオートキャンプブームを家族で過ごした世代がメイン。ときにテントでのキャンプを楽しみ、ときに車中泊＋焚き火なども行う。

少し特殊な例としては、ただ単純に「クルマで寝る（＋出先で名産を食べるなど）」という非日常を感じるためだけに、車中泊へ出かける人も現在増加中。

さらに、レジャーではなく緊急時の対応のひとつとして、「車中泊避難」というスキルにも、災害が日常化しつつある現在、大きな関心が集まっている。

ここに挙げただけでは「車中泊とは何か?」なんて書ききれない! まずはマイカーを使った車中泊をファーストステップとして楽しんでもらい、そこからステージを上げていき、自分なりのスタイルを確立していってもらうのが、やはり妥当な道のりだろう。

ということで本書では、一般車の車中泊をメインにしたノウハウやアイテムを紹介しつつ、適宜、キャンピングカーも含んだ車中泊全体の話を入れて進めていきたいと思う。

早く皆さんに「少年時代の押し入れ体験」を、もう一度味わってほしいなぁ。

著者

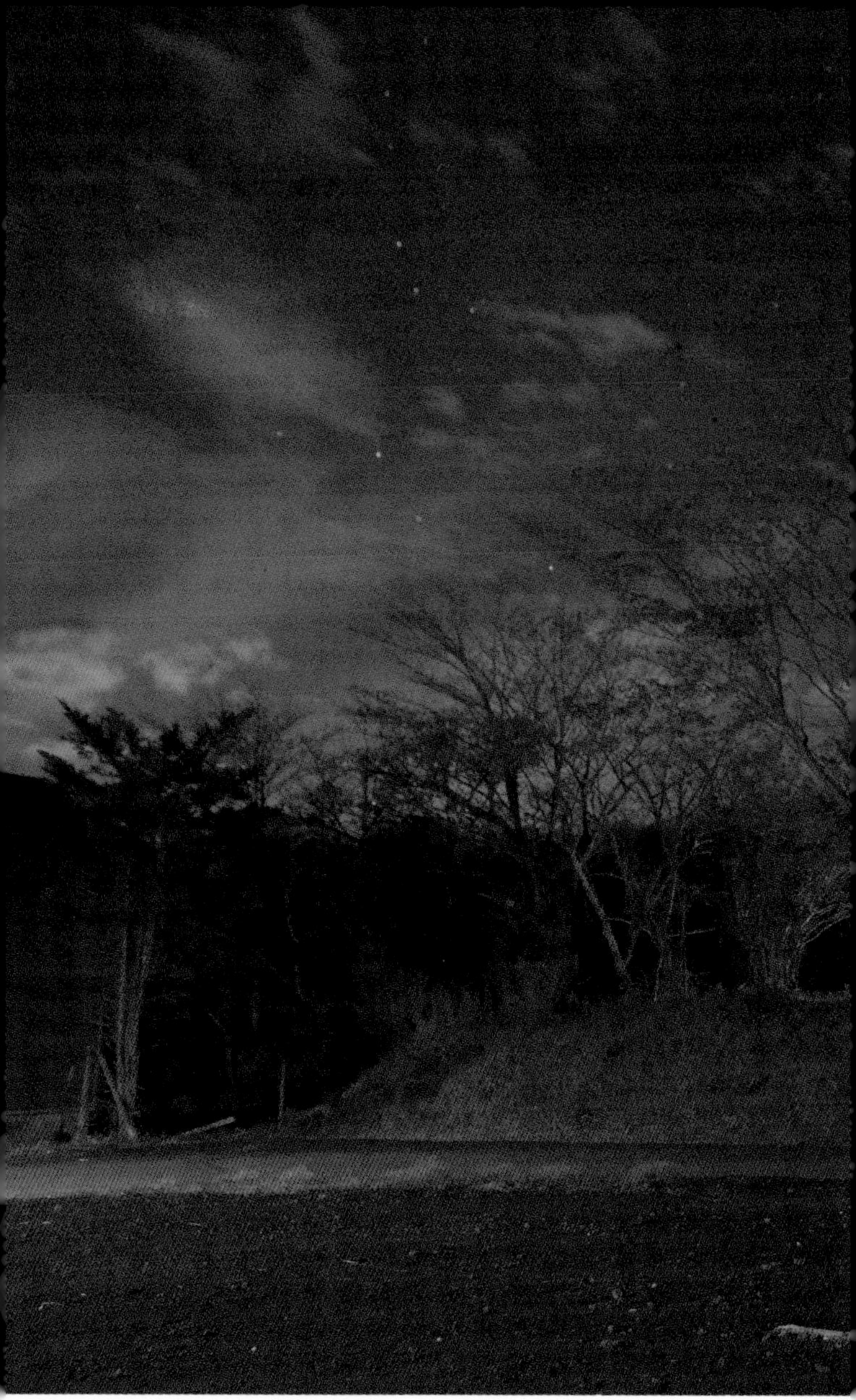

目次

カラー版

やってみよう！ 車中泊

第一章

そもそも、車中泊って何？

クルマで寝る楽しさ

そもそもクルマとは何か？　と考えると、それは「人が移動するためのもの」、もしくは「物を運搬するためのもの」というのが通常の答えだろう。

1769年にクルマが誕生してから約250年。当初は馬4頭でひく馬車を超えるために、5馬力を目指したという話を読んだことがある。その後、すさまじい発展を遂げて現在に至るわけだが、そもそもは「寝る」ためのものではない。

もちろんクルマが発展してきたなかで、キャンピングカーのように「車内」で生活するために考えられた専用車両もある。しかしおおよその一般車の場合は、「快適」かつ「安全」に運転（同乗）できること、もしくは荷物がたくさん載せられることが、車種を選ぶポイント。スポーツカーなどは、そこに「運転して楽しい」という要素も入ってくる。最近では自動運転などの技術も発展しているが、本来はクルマは、その中で「寝る」ことを目的に作られてはいないのである。

「じゃあ、クルマで寝る車中泊って苦痛じゃないのか？」

いやいや。ここは声を大にして最初に言っておこう。クルマで寝る車中泊は楽しい！

これはまちがいない。ただし、である。クルマに合った適正な「就寝」人数か？　正しい寝方をしているか？　車中泊場所は？　季節や環境に合ったアイテムを準備しているか？　ある程度の事前知識と準備が必要なのだ。「注意点」というとマイナスイメージのように聞こえるかもしれないが、快適に寝るための「条件」はある。その条件を踏まえておけば、楽しい車中泊ライフを楽しむことができる！

私は「車中泊専門誌」の編集長という仕事上、新たに発売となったクルマや初めて目にする車種に出合うと、ついつい「このシートで快適に寝られるか」とか「シートを前に倒せばラゲッジのほうが寝やすいな」とか、反射的に考えてしまうほどの職業病に侵されている。座り心地よりも、寝心地のほうが気になってしまう。カバンにはいつも巻き尺を忍ばせており、そのクルマに興味が湧くと、人目をはばからず測定した目盛りの数字に一喜一憂してしまう。

閑話休題。では、クルマで寝ることの楽しさとは何だろうか？　まず大きな魅力として伝えたいのは、前述した「少年時代の押し入れ感覚」＝「非日常」が味わえること。車内を自分（もしくは家族）のために快適にアレンジして、子どものころの秘密基地よろしく、限られた空間の中で好きなものに囲まれて過ごすのだから、そりゃあ、楽しくないわけがない！

そして、そのお気に入りの空間が、そのまま「移動できる」ことも大きなポイントだ。クルマで走り、好きな場所で寝られる（後述するが、その場所には注意しよう）。さらに、それだけではなく、睡眠をとるときでなくても、ゴロゴロしたり、ダラダラしたり。大好きな本やＤＶＤ、動画などを、野外に止めた車内でリラックスしながら楽しむことができる。それだけで、なんだかいつもとは違う時間を過ごせて、心がデトックスされた気分になるのだ。

さらに、アウトドア・アクティビティやキャンプを趣味にもつ人なら、釣りや山登り、スキー&スノボといったギアやキャンプ用品を積み込み、移動の道中も寝るときもワクワク、目的地に着けばそのまま趣味を満喫できるという、まさに夢のような体験ができるのだ。

ここ数年、使い古された表現ではあるが、「動く秘密基地」というキャッチコピーは、車中泊の魅力を説明するのにピッタリの言葉なのだ。自分だけの大人の秘密基地を作って、あの気持ちを、ぜひ今こそ体験してみよう!

車中泊のメリット

車中泊の魅力は、非日常を楽しむだけのものかというと、そうではない。そもそも車中泊が最初に広がりを見せたのは、スキーブームが大きかった。その他にも、早朝から動き始める釣りや山登り、サーフィンといったアウトドア・アクティビティとは、とて

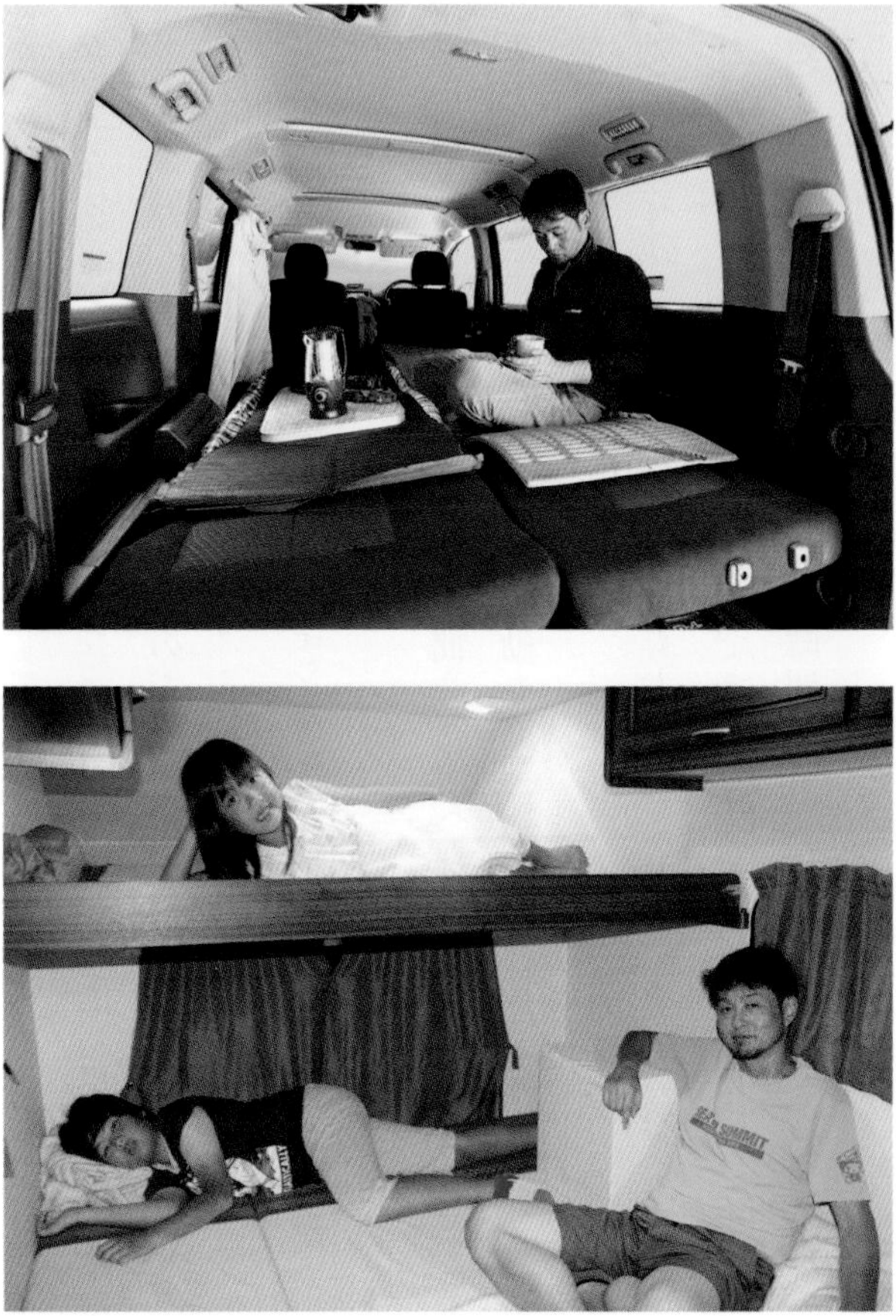

車中泊を楽しむワタシと家族

も相性がいい。ちなみに、私が編集長をしている『カーネル』の語源も、釣り人たちのスラング（的な造語）から来ているという説がある。もちろん、アウトドア・アクティビティと離れ、観光旅行とも相性がいいのだ。

そんな車中泊の「メリット」について、一度整理をしてみよう。

まず、いちばん大きなものは、「フレキシブルさ」だ。旅の計画を柔軟に立てることができる。

旅館やホテルではチェックアウトの時間や食事の時間が細かく決まっていることが多いが、車中泊では深夜もしくは早朝の移動も計画に加えられる。考えている旅の予定に合わせてプランニングの幅が広がる。

そして一日を有効に使える、という点も大きい。クルマで寝ていると、起きて最小限の準備だけで、すぐに行動に移すことができる。早朝もしくは夜にアクティビティを楽しむため、前泊もしくは後泊をすれば、時間を有効に使うことができる。車中泊を「手段」として活用するというものだ。

さらに、人が移動する時間のピークを外すことができるので、渋滞を避けられるという利点もある。これは道路上の渋滞を避けることはもちろんだが、観光地での混雑時間を外して楽しめるので、待ち時間が少ない、ということも含む。早朝もしくは終了時間近くならば、ピーク時の何分の一の待ち時間の場合が多い。車中泊で行う前泊・後泊のアドバンテージがここで活きてくる。

時間的なメリットを活かせば、このあと第四章で紹介する「二泊二日旅」という選択肢が生まれる。この計画なら、移動と就寝を兼ねる車中泊のアドバンテージはかなり大きいはず。これこそ、計画の自由度の高さ！　そして柔軟に変更できる車中泊の利点といえるだろう。

ただし注意点は「睡眠時間を削らない」こと。時間を節約しようと考えると、どうしても睡眠時間を短くしがちだ。しかし、心身ともに疲れている状況で睡眠時間を削るのはとても危険。クルマを運転すること、そして現地でめいっぱい楽しむことを重視するなら、睡眠時間はしっかり取ることを前提とするのが鉄則だ。

車中泊だからといって、そのすべてをクルマで就寝する必要はない。体調や眠気と相談して、二泊中のうちの一泊を、旅館やホテルに切り替えてもいい。のんびりとベッドや布団で寝て、豪華な食事に舌鼓を打って、クルマ旅を楽しむ……。車中泊の大きな悩みの種である洗濯やゴミの処理、デジタル機器の充電といった問題も、これで解決できる。キャンプ場なども組み込めば、さらに旅はバラエティに富んだものになるだろう。「車中泊をしない」という選択すらも自由なのが、車中泊の魅力なのだ。

車中泊のメリットはほかにもある。ペットと一緒に旅ができることも、そのひとつだろう。最近では、愛犬や愛猫と一緒に宿泊できる宿も増えてきた。まだ数は少ないし、いくつかの注意点や準備は必要であるのに対し、車中泊ならばペットと一緒に就寝する場所に困ることはない。最近では、ペット旅専用のキャンピングカーや車中泊カーも多く、レンタカーで貸出しもされている。興味のある人はぜひとも調べてみてほしい。

そして、いまさらではあるが「宿泊費」を削減できるということも、やはり見逃せないメリットだろう。車中泊は一見、お金がない人たちの「貧乏旅」と思われがちだ。旅

キャンプにも旅にも、車中泊は大活躍！

程のすべてをホテルや旅館で泊まることと比べると、第三章で紹介するＲＶパークやオートキャンプ場のほうが、はるかにリーズナブルに泊まれる。どんなに高額だったとしても、一泊一台で５０００円も掛からない車中泊は、コスト面での利点はやはり高い。削減できる経費は削減したいのは確かだ。

しかし実際には、宿泊代を削減したくて車中泊の旅をしている人がすべてではない。自由さと非日常に魅力を感じて、旅費の総額よりも高額なキャンピングカーや車中泊アイテムを準備している人もいる。節約を目的に始めたのに、そのためのグッズに凝るあまり、どう見ても節約になっていない「楽しき本末転倒」にハマってしまった人。ＤＩＹに凝って、車内にとんでもなくおしゃれな内装を施した人や、お風呂を作ってしまった人まで、たくさんの「車中泊達人」が存在する。「節約」を目的にしている人は、むしろ少ないというのが実感だ。

一方、車中泊にはデメリットもある。非日常ということは、逆に言えば「いつもとは異なる就寝環境」ということ。慣れるまで寝られない人もいる。眠ることはできるが睡眠が浅く、最初は熟睡できないという人も多い。また、クルマによっては少人数しか寝られず、一緒に行く人数が限られる。

また、車中泊する場所選びも重要だ。どこに泊まっていいのか？　最初は悩むかもしれない。車中泊場所によるトラブルも多く、車中泊の大きなハードルのひとつが、この場所選びといえるだろう。無許可で私有地に車中泊するのは論外だが、それ以外にもトイレの有無や開閉時間など、事前に調べておいても現地に行かないとわからないことも多いからだ。

最近では、ＲＶパークやカーステイといった車中泊のための駐車場も増えてきたが、目的地の近くに必ずあるとは限らず、まだまだ場所選びに悩む人も多い。

また、日本には美しく楽しい四季があるが、車中泊にとっては、この四季は魅力である一方、大きな障害にもなる。春の花粉、夏の猛暑、秋の台風、冬の大雪などなど、どれも大敵。それぞれの季節で対策が必要となる。場合によっては、「車中泊を行わな

ハイエースを風呂エースに改造してしまった、きらTVさん。
YouTubeチャンネルで、さまざまなDIYを紹介している

い」ことも選択肢として考える場合も出てくる。

それらのデメリットをどう克服するかは、次章以降に解説したい。

100人100通りのスタイル

現在、車中泊は大きなブームとして、さまざまなメディアに取り上げられることも増えた。コロナ禍の影響もあり、「ソロキャンプ」が流行語大賞にノミネートされるようになった今、キャンプと相性がよく、感染リスクの低い車中泊は、まさに時流に乗っている。個人がSNSなどで、自分なりの工夫やアイデア、写真や映像を発信することも珍しくなくなった。

それらを見て思うことは、ひと言で「車中泊」といっても、十人十色のスタイルや楽しみ方がある、ということだ。

何のために行うか？　アウトドア・アクティビティのためか、観光のためか。ひとりか、夫婦（カップル）か、家族、友人、そして何人か。いまなら、リモートワークやワーケーションという選択肢もあるだろう。生活の一部に車中泊を取り込んだバンライフというスタイルも人気を博している。

クルマ選びには、それぞれの個性が出る。キャブコンバージョン（キャブコン）などの本格的なキャンピングカーで快適さを選ぶ人もいれば、バンコンバージョン（バンコン）や軽キャンパーといった、快適装備と取り回しのバランスを重視する人もいる。ベッドなどの就寝スペースをメインにした簡易キャンパーを、ウッドパネルなどでスタイリッシュに架装したモデルもある。これはおもにバンライフをイメージしたカスタムで、もともとはＤＩＹで行われていたのが主流だったが、現在ではキャンピングカー・ビルダーが手掛けることも増えた。

さらには、一般車をアイテムで車中泊仕様にする人もいる。通常は「普通のクルマ」として、家族での買い物に使用したり、子どもを塾に送迎したり。しかし週末や連休になると、マイカーを快適な車中泊仕様にするパターンだ。あくまで現状復帰が必須なので、車内に穴あけ加工などは行わず、取り外し可能なシェード（目隠し）や車中泊マットなどを用いて、一般車の快適度を上げて就寝する。このスタイルはどんなクルマであっても、４人以上の就寝は厳しいことが多いので、ソロや夫婦が多い。「車中泊仕様」というよりは「車中泊利用」と表現したほうが正しいかもしれない。

こういったクルマやスタイルの違いに加えて、焚き火やテント泊とのハイブリッド型、さらには旅の内容やメンバーによって、キャンプと車中泊を選んで楽しむ人もいる。まさに１００人いたら１００種類の車中泊があるといっても過言ではない。自分の趣味や、家族・家庭、仕事などを踏まえて、まさに多種多彩な車中泊が現在の日本で行われているわけだ。

キャンピングカーと何が違う?

『カーネル』では、キャンピングカーから一般車の仮眠まで、クルマで就寝することを広く「車中泊」として定義している。しかし、就寝することを前提にしているキャンピングカーと、まったく就寝設備をもたない一般車では、寝るためのアイテムやテクニックは大きく異なる。

キャンピングカーは、いかに車内で快適に寝られるかが考えられている。シートがフラットなベッドに展開できたり、サブバッテリーが装備されたりしていて、電子レンジや冷蔵庫が標準装備になっているモデルも多い。簡単にいってしまうと、キャンピングカーは自宅の一部をクルマにしたイメージだ。

対して、いわゆる一般車の中で就寝する場合は、何も就寝設備が装備されていないのが前提となる。そこで、どうやって寝床をフラットにして足を伸ばして寝るか？　など

のノウハウが必要になってくる。

さらに最近では、ベッドなどの就寝設備のみを装備した車中泊仕様のクルマも増加中だ。これはキャンピングカーと一般車の中間の位置づけで、トイレやシャワーなどは、車中泊場所やその近隣の設備を使用することを前提としている。バンライフを楽しんでいる人たちも、このタイプのクルマを利用することが多い印象だ。

DIYが施されているクルマが多いのも、この車中泊仕様の特徴といえる。一般車をDIYでカスタムするか、しないかで、「車中泊仕様」か「車中泊利用」かに枝分かれすると考えてもらえればいいだろう。

「手段」か「目的」かで変わる

宿泊をクルマですることで、アウトドア・アクティビティを効率よく楽しむ、フレキシブルな旅行をする……。これらは、車中泊を「手段」として利用している、と言うことができるだろう。確かに車中泊のメリットは、「手段」となったときに発揮されるものが多い。しかし、最近の動向を見ていると、どこかで何かを楽しむためではなく、車中泊自体を「目的」として、クルマ旅に出かける人も増えている印象だ。

その大きな原動力となったのは、インスタグラムを中心としたＳＮＳの普及だろう。いわゆる「映える」景色の前で車中泊している風景をアップして、フォロワーから「いいね」をもらう。

なかには、アウトドア・アクティビティを楽しんで、手段として車中泊を行いながらＳＮＳに投稿している人もいる。しかし、多くは「借景」と称して、窓から見える絶景とともに、車内（車外）でたたずんでいる姿をアップする。おもにバンライフを楽しんでいる人たちに多いのだが、何かの手段としてではなく、ただ車内で過ごすことを目的に旅に出る。

同様に、現在急増中のキャンプとのハイブリッド型も、車中泊（＋キャンプ行為）が目的になっている一例だ。クルマをテントのかわりにする。焚き火やＢＢＱを楽しんだ

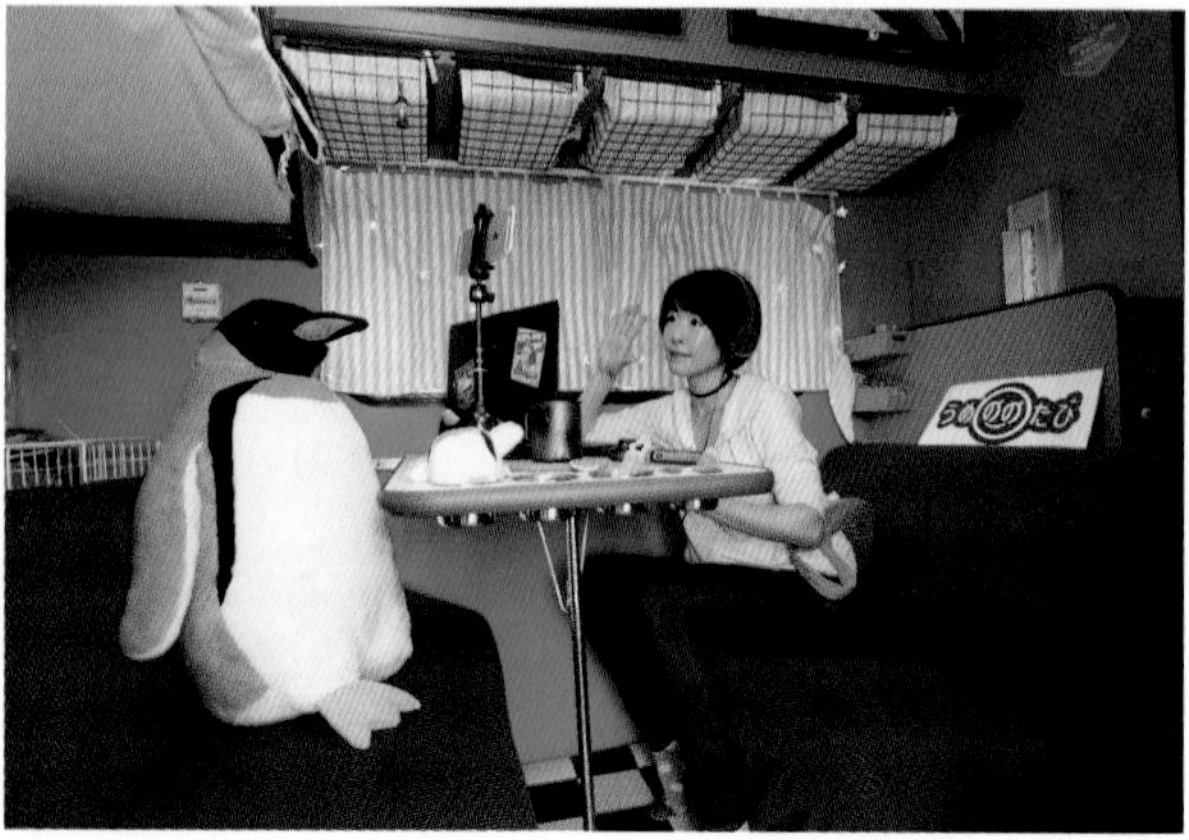

旅 YouTuber の「日本を旅するうめの」さん

うえで、テントではなくクルマで寝る、というパターンだ。タープやサイドオーニングは使用するが、テントは張らないので、準備や撤収に時間をかけずにすむ。車内を寝るだけの就寝空間に特化しつつ、リビングやキッチンの要素を屋外に設置するタイプである。これだと必ずしもクルマにキャンピングカーの装備は必要ではなくなる。一般車に車中泊ギアとキャンプギアを買い足していけばOKなのだから、入り口としてはちょうどいい。人気が出るのも理解できる。

では、車中泊を「手段」ではなく「目的」

にすると、何が変わるのか？　第一に車中泊する場所選びが挙げられる。手段の場合は、あくまで別に目的があるので、利便性のよさや最低限の設備があれば問題ない。どちらかというと、目的地に近い場所で深夜もしくは早朝に出入りできることなどが重要なポイントとなる。高速道路のサービスエリア（ＳＡ）・パーキングエリア（ＰＡ）での仮眠などが、ずばりこれにあたる。

車中泊を目的として捉えると、ただ寝られるだけでは物足りない。美しい星空や夜景が見える場所。森や海、川、湖、山などの絶景が車外にあり、その中で就寝できるというエンターテインメントになっていたほうがずっと楽しい。なお、焚き火を含めた車中泊キャンプを行うなら、クルマを乗り入れできるオートキャンプ場で、キャンプ行為ができることが必須条件となる。

そして、車内の装備も大きく変わる。「手段」であろうが「目的」であろうが、どちらも快眠できることは大前提だ。車中泊を手段にしている人たちにとっては、就寝のみに特化して「寝られればいい」と考える人も少なくない。足を伸ばして水平になることさえできれば、車体は小さく、小回りがきくほうが機動力は増す。

車中泊自体を目的とする人たちにとって、車内環境は重要となる。就寝以外に、車内で「生活」する時間が重要であり、ベッドルームとしてだけでなく、リビングやキッチン的なものとして、クルマを使用することになるためだ。注意点としては、ギアが多くなり車載スペースの確保が意外に広く必要になること。この塩梅は、車中泊に慣れていく中で、自分のスタイルが見つかっていくだろう。

ＤＩＹやアイテムで作るオリジナル仕様

さらに一歩踏み込むと、車中泊には「自分で作りあげる」という面白さ、ＤＩＹという楽しみ方がある。

実際に車中泊を体験したとする。それはキャンピングカーであっても、一般車であっても構わない。自分が体験してみると……いや、自分が体験してみないとわからないことのほうが多い。車中泊のいい点・悪い点、マイカー（レンタカーの場合もある）の快適度、就寝時のシートアレンジや車中泊場所のチョイスなどなど、うまくいったことや失敗したことがたくさん出てくる。

その実体験をもとに、少しずつそれを改善していくのも楽しい作業だ。特に車内を「もっと快適に！　もっと自分らしく」とブラッシュアップしていくことは、車中泊の楽しみ方のひとつだ。出発前にゴロンと横になったときには気にならなかったことを、ひと晩の車中泊がいろいろ教えてくれる。

「ひと晩寝てみたらシートの凹凸が腰の部分にあたって思ったより痛かった」ならば、もっと分厚い車中泊マットを購入したり、ＤＩＹでベッドを作ったりしてみる。そしてまた車中泊をして、不快だった部分を改善していく。

「寝ていたらのどが渇いて、水を置ける小さなテーブルがほしい」なら、小さなテーブルを購入して車内に置いてもいいし、ＤＩＹで車内テーブルを設置してもいい。こちらも使ってみると、使い勝手を向上させたくなるはず。LEDライトやスマホも水と一緒に置きたいので、もう少し大きなテーブルに替える。寝返りを打つとグラグラするので、脚を固定する。

車内が殺風景であれば、スタイリッシュなラグを敷いたり、車内の色を塗り替えたりした人もいる。自分ならではの秘密基地なのだから、自分がより心地いいと感じる車内に変えていくのは当たり前。そして、実際に車中泊をしてトライ&エラーを繰り返す。まったく同じ仕様でも、快適度は季節によっても変わるだろうし、歳を経れば好みも変わる。つまり、「快適な車内作り」には満足はあってもゴールはない。だからこそ、ずっと続けられる趣味として楽しめる。

車中泊には、実際に「旅する」ことはもちろん、このように自分ならではのオリジナル仕様に愛車を作りあげていくという側面もあり、人気を博している理由のひとつといえる。

ちなみにDIYは、登録するナンバーにも影響してくるの注意してほしい。乗用車登

録の3 or 5ナンバーか、商用車登録の1 or 4ナンバーのままにするか、改造車を前提とした8ナンバーとして登録するか。ベースが軽自動車でも、居住空間が大きくなり、普通車として白ナンバーで登録するビルダー製作のキャンピングカーもある。税金や車検といったランニングコストにも影響してくるので、くれぐれも最初は、自分だけで判断しないこと。必ずショップやメーカー、ベテランに相談してから行うことをおすすめする。

最悪の場合、架装した装備が走行中に外れて、大きな事故を誘発する可能性もある。いきなり大がかりなＤＩＹは避けたほうがいいだろう。

バンライフという新しいスタイル

現在の車中泊人気を広げている要因のひとつが、このバンライフなのはまちがいない。一般車を対象とした車中泊と区別して言い分けている人もいるが、ここでは車中泊のスタイルのひとつとして紹介したい。

ではバンライフとは何か？　起源はアメリカといわれている。その詳細を書き出すと何ページあっても足りない。語弊を恐れずシンプルに書くならば、車中泊という行為単体ではなく、車中泊をベースとしたライフスタイルであり、カルチャーの提案というところだろうか。

ミニマリズムやタイニーハウスにもルーツがあり、バンライフの背景はとても奥深い。人気のきっかけとなったのは、『HOME IS WHERE YOU PARK IT（クルマを止めた場所があなたの家）』という写真集だろう。バンライフ人気を語るのに避けては通れない一冊だ。

この写真集は、2011年に元ラルフローレンのデザイナー、Foster Huntington（フォスター・ハンティントン）氏が製作。フォルクスワーゲン（VW）のタイプ2（バス）で車中泊を行う様子を、美しい写真で切り取っている。このライフスタイルに憧れて、バンライフをスタートさせた若者が世界中にあふれて一大ムーブメントとなり、そ

の大きな波が日本にも伝わった。

ちなみに、『カーネル』で「バンライフ」という言葉が初登場したのは「2017早春号」、発売日は2017年1月10日だ。アウトドア・フィールドでDJを行う野外選曲家・河合桂馬くんが、バンライフに憧れて愛車をDIYしていくという新連載からだった。

それまでは、若者のクルマ離れが叫ばれていたこともあり、車中泊といえばどうしても40代以上の人がメインだったことは否めない。しかし、徐々に広まったバンライフ人気が、2020年についにブレイク。メディア露出も急激に増え、一気に20〜30代に浸透していった。

バンライフの大きな特徴としては、何よりもクルマがスタイリッシュであること。生活臭のするものは極力減らしたシンプルな車内と、あえて書くならウッドパネルがスタイルの象徴となっている。

人気を担っているのは20〜30代だが、最近では40〜50代でもバンライフと名乗る人も増えてきている。ノマドワーカーやアドレスホッパーのように、多拠点生活ともリンクしているため、ある程度、生活基盤がしっかりしていることが根幹として必要だからだ。

そして、まだブームになって数年しか経っていないバンライフも、そのスタイルは枝分かれし始めている。バンライフといってもクルマで「生活」をしているわけではなく、スタイリッシュなクルマで、車中泊の「クルマ旅」を楽しむ人。平日は通常の生活を送りながら、週末のみ居住地を離れてクルマで生活する人。どちらも、ただ車中泊を行うだけではなく、バンライフというスタイルを大前提として、車中泊を楽しんでいる。

使用するクルマも、ウッドパネルのバンだけでなく、豪華なキャブコンや装備をもたない一般車でバンライフをなぞる人も多くなったように感じる。

ここで念のため書いておきたいのは、バンライフはいわゆる「車上生活者」とは、確実に一線を画すということだ。アメリカで登場した当時は、境界線があやふやだったかもしれない。しかし、進化した日本の「いま」のバンライフは、住む場所がなく、やむなくクルマの中に住んでいる車上生活者とは違う。

クルマを拠点としつつ、自分オリジナルの生活を構築している人たちのスタイルはバンライフだ。自分たちに合った仕事で収入を得て、しっかりと税金も払っている。それぞれの事情で住居は手放していることもあるが、少なくとも「やむなく」ではなく、自ら「選んで」車中泊を楽しんでいるはずだ。

まさに多種多彩の広がりを見せはじめているバンライフ。もはやある一定の枠組みに定義することは、あまり意味がないのかもしれない。

それは車中泊も同様。「こうでなきゃいけない」とか「こうあるべきだ」という決めつけは、自由を売りにする車中泊には合わない。マナーとルールはしっかりと守り、他人に迷惑を掛けなければ、仮眠からバンライフまで、全部が車中泊でいいのでは？　とも思う。考えれば考えるほど、その概念は大きく膨らんでいく……。宇宙のごとく奥深いこの世界に、ぜひ飛び込んできてもらいたい！

第二章

マイカーで快眠するための基本と装備

車中泊に適したクルマとは？

クルマで寝る装備が施されたキャンピングカーや、就寝用のベッドが装備されている車中泊カーは、もちろん車中泊に適したクルマだ。季節や天候、泊まる場所などを考え、就寝人数を間違えなければ、きっと快適に寝られる。とはいえ安い買い物ではないし、「キャンピングカーを買いましょう！」では、話がほとんど終わってしまう。

実際のところ、就寝設備がない普通のクルマでも車中泊はできるのだ（というか、多くの人がそうしている）。では、適したクルマと適さないクルマの違いは何か。大きなポイントは就寝する姿勢にある。

- 足を伸ばして寝られるか？
- 体を水平にして寝られるか？

この2点をクリアできるクルマ、もっといえば、この2点がクリアできるサイズとシートアレンジができるクルマが、車中泊に適したクルマだといえる。足が伸ばせて、体を水平にできるということは、快眠のために体をリラックスさせることができる、ということだ。

そのための目安として推奨するのが、**「幅が55センチ、長さは身長＋15センチ」**というスペースだ。このスペースを基準に、自分の愛車には何人、どこで寝られるかを考えてみるのがいい。

まず、文句なしのキング・オブ・車中泊カーといえば、**トヨタ・ハイエース**や**日産・N**

「幅が55センチ、長さは身長＋15センチ」が、目安になるスペース

キング・オブ・車中泊カー、日産・NV350キャラバンの内装

V350キャラバンといったワンボックス車だろう。広々と車内を活用できるボディサイズとボディフォルムで、スペースをゆったりととれる。

次点としては、**ミニバン**や**ステーションワゴン**、最近では**SUV**などが挙げられる。ただし、このあたりのカテゴリーは、ボディサイズによって足が伸ばせない車種もあるので要注意。

コンパクトカーや軽自動車は、車種によってさらに大きく異なる。ハイトワゴンと呼ばれるカテゴリーは、比較的シートアレンジが多彩で、さまざまな工夫がされている。しかし、ボディサイズが小さいために、足を伸ばせない車種と伸ばせる車種で、車中泊の快適度は大きく変わってくる。

最も車中泊に向いていないカテゴリーとして挙げられるのは、セダンやクーペ、そして2シーターのスポーツモデルだろう。特に2シーターは、シート形状が「快適に運転する」ことを意識し、ホールド感が高くなるよう設計されているため、シートが倒れないことが多い。ただし、まれに後席が前に倒れて、ラゲッジ部と車内が一体化できる車種があり、そういった場合は、ひとりふたりならSUVやステーションワゴン同様にラゲッジで足を伸ばして寝ることができる。

何人で寝られるかを把握しよう

クルマを購入する際に、「何人乗り」という乗車人数は確認するが、「就寝人数」を確認するのは、キャンピングカーくらいだろう。まずは、自分たちのクルマは「いったい何人までなら快適に寝られるのか」を把握すること。

ソロキャンプが目的なら、小さいクルマに少しのシートアレンジで大丈夫かもしれない。また、4人家族だが全員大人で「ひとりにつき一台」という家庭もあれば、「家族4人で軽自動車一台」ということもある。その場合は、「ウチのクルマではふたりまでしか寝られないから、テントを積んでおこう」という準備につながる。

まずは自分のクルマのシートアレンジを確認し、どのアレンジが最も快適に寝られるか、何人までならストレスなく寝られるか、ということを調べておこう。

そして次のステップは、**試しに寝転がって予習する**こと。

実際に寝てみると、自分が気になることが明確になる。「明かり」よりも「音」に敏感な人。「揺れ」があると眠れない人。セダンなら天井の「圧迫感」も慣れないと厳しいかも……。

車内サイズやシートアレンジの確認だけでは、本当に快適に寝られるかどうか、人によって異なる。可能であれば、一度さまざまなシートアレンジを試して寝てみてほしい。

きっと自分や家族に適したスタイルが、身をもってわかるはずだ。

シート就寝とラゲッジ就寝

車中泊成功の秘訣は快眠にあり。限られたスペースの中で寝る車中泊だからこそ、「寝床をどうするか」は最初に検討しておきたいところ。

快眠のための**2大要素は、「クッション性」と「フラット化」**だ。そのための車内での就寝場所は、大きく分けて「シートの上」か「ラゲッジ」のふたつ。一般的にはクッション性が高いのがシート上、フラット性が高いのがラゲッジとなる。先に述べた「足をまっすぐに伸ばして横になれるか?」を目安に、愛車のシートアレンジでどちらが寝やすいかを確認しよう。シート就寝の場合、クッション性の高さは問題ない。ただしフラット性はシート形状によって異なるので要注意だ。一見たいした段差には見えないかもしれないが、横になってみるとかなり背中に違和感が……なんてことも多い。ぐっす

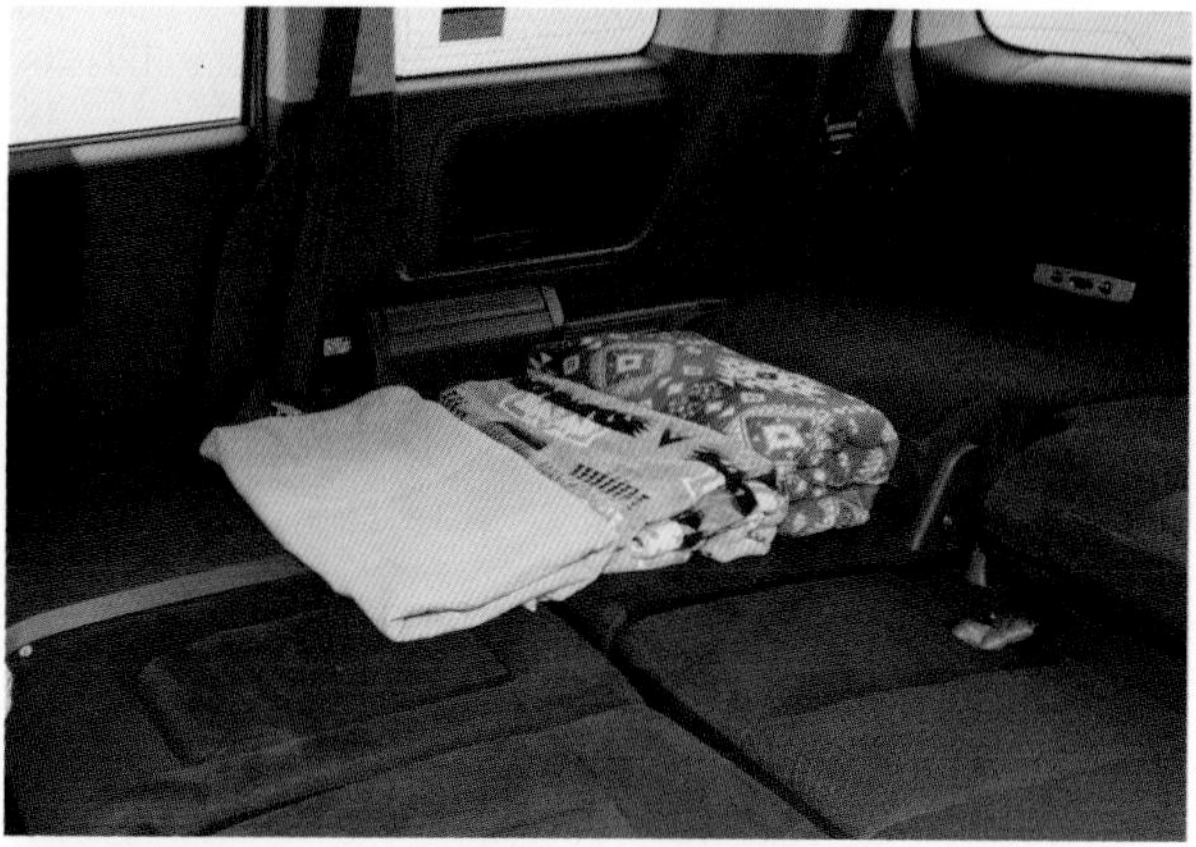

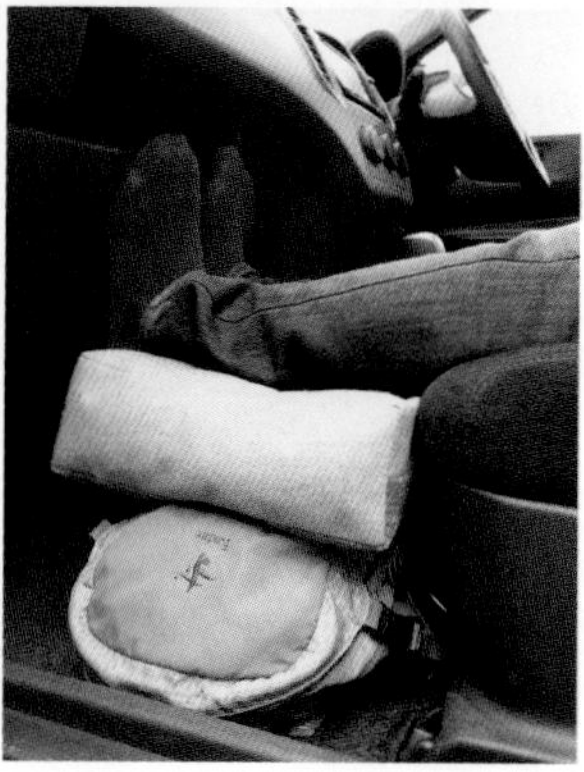

ブランケットなどで段差を埋める。またエコノミークラス症候群にならぬよう、足元には荷物などを置く

り眠るには、この段差を埋めて、フラットに近づけるのが第一歩となる。

具体的にどういったシートアレンジがあるか？　まずは**シートをリクライニングする**だけのタイプ。背もたれを倒すだけの最もシンプルなアレンジだ。セダンタイプに多く、シートの柔らかさを活かして就寝できる。ただし、背もたれを倒しても水平にならず、座面と背もたれの間に段差もできやすい。また膝を曲げたままだとエコノミークラス症候群になりやすいので、足元の空間に荷物やクッションなどを置き、体ができるだけ水平になるようにして寝ることが大切になってくる。

次に**シートを繋いで寝る**タイプ。これはミニバンタイプに多いシートアレンジだ。シートがそのまま寝床になるので、体を水平にして寝られる。ただし、車種によっては作業が複雑で、慣れないと時間がかかることもある。さらに意外に隙間や凹凸があったりすると、フラットにするには工夫が必要になってくる。

車中泊ビギナーには、車中泊用のマットを持っていない人も多いだろう。その場合は、タオル、ブランケット、クッションなど、柔らかくて形を自在に変えられる布類を用意する。段差に合わせて形を整え、段差を埋めてみよう。フラット化ができたら、さらにその上にキャンプマットを敷けば、より快適に寝られるはず。キャンプマットがなくても、銀マットやラグなどでも、さらなるフラット化が可能だ。

ラゲッジを快適な寝床にする

ワンボックスやステーションワゴン、最近のSUVに多いのが、ラゲッジで就寝できるタイプ。この場合、フラット性は高いけれど、床がゴツゴツしていてクッション性が低いのが特徴だ。寒い季節は地面からボディに伝わる冷えが気になることもある。そんなことも踏まえ、ラゲッジ就寝の場合はクッション性と防寒性を備えたマット類の使用が快適さアップのカギとなる。

注意点はラゲッジの奥行きだ。快適に寝るためには足を伸ばして寝ることが重要だという話は、先に書いた。しかし、大人の男性が横になると、奥行きの長さが足りないこともよくある。首や足を曲げなければいけなかったり、体を斜めにしなければいけなかったり……（斜めになると快適に寝られたり）。やはり一度寝てみることをおすすめしたい。

まずは量販店の銀マットでも十分。発泡ポリエチレンなど、もちっとした感触でクッション性の高いものを選びたい。お手頃価格で手に入るので、車中泊デビューにぴったりのアイテムといえるはず。

ただし、ラゲッジに銀マット1枚だけだと、人によってはまだ硬いと感じる人もいるだろう。気になる人は、自宅のブランケットやラグなど、厚手の布類を重ねて手軽にできる対策を施すといいだろう。

また、ラゲッジで寝るためには、そこに積んでいた荷物を移動しなければならないという手間があることもお忘れなく。

ラゲッジ就寝の場合は、銀マットや、ブランケット等の布類を活用しよう

布団で寝てはいけないの？

車内では家庭用の布団は使用しないほうがいいだろうか？　まったくそんなことはない。最初は、慣れている布団のほうが安眠できる可能性も高い。

車中泊の寝具は、大きく分けて「寝袋」と「布団」のふたつ。寝袋の利点は、コンパクトな収納性と素材のハイスペックさだ。アウトドアで使用することが前提のため、過酷な環境でも使用できるように作られている。

いっぽう、寝袋を持っていない場合は、自宅の布団を車内に持ち込むのも手だろう。余計な出費が抑えられ、慣れた布団で快適に就寝が可能だからだ。だが、収納のコンパクト性は望めない。圧縮袋に収納してもかなりの大きさになってしまうから、これはそれぞれの好みとスタイルに応じて、選んでほしい。

窓ガラスを目隠しする意味

寝床準備とともに重要なのが、窓の目隠しだ。車外からの視線を防ぐことで、車中泊の快適さはグッとあがる。防犯面でも、車内を見えなくすることはとっても大切なのだ。気にならない人もいるかもしれないが、無防備な状態の睡眠時だからこそ、車外からの視線はシャットアウトしておきたい。

他の理由として、まぶしさ対策がある。特に夏場は日差しが強烈。朝日も早く昇る。日差し以外にも、駐車位置によっては一晩中常夜灯がともり、まぶしいことがある。さらに冬の車中泊では、車外からの冷気遮断のために、窓をふさぐことが効果的だったりする。けっこう侮れないポイントなのだ。

では、どういったもので窓をふさげばいいか。それには、おもに**カーテンと目隠し用シェード**が挙げられる。

車種別で販売されている専用カーテンは高品質なだけに高価。さらにクルマの内張りに穴をあけたりする加工が必要な場合も多い。もっと手軽にすませたい人は、比較的安く手に入るものを利用する手もある。

まずは、汎用の**吸盤付きカーテン**。手軽さはピカイチだが、透け感がありあまり目隠しには向かないものも多い。

100円均一ショップの**カーテンワイヤー**を利用するのもひとつだ。たるまないよう長さを調整し、ワイヤー先のフックをピラー部に掛けて、布類を洗濯バサミで挟むだけ。

突っ張り棒をセットして、布類をかけるだ

100円均一ショップのカーテンワイヤー、突っ張り棒を活用

上の２枚は、マルチシェードを使った場合。銀マットでも、目隠しとしては十分だ

けという方法も簡単だ。あまり車種を選ばずに設置できるのもうれしい。ただし、突っ張り棒が使用できる位置が限られるというデメリットがある。

目隠し用シェードでおすすめなのは**アイズ「マルチシェード」**だ。断熱性の高いキルティング生地を採用しており、夏は日差しを反射して車内温度を抑え、冬は冷気を遮断してくれる。

なおシェードについても、ＤＩＹで安くする方法はある。窓枠の形に切った銀マットで窓をふさぐというやり方だ。最初に窓の型紙を作る手間はかかるが、きちんと作ればフィット感は悪くない。ただし銀マットは、１００円均一ショップの薄いものより、できれば５～８ミリの厚さがあるもののほうが断熱効果も高い。

まず揃えたい車中泊・三種の神器

あれこれ工夫して楽しむのが車中泊だが、ここで一応、私が「三種の神器」として推奨するものを挙げておきたい。それが、**マット、寝袋、シェード**だ。

まずはマット。薄手のタイプよりも、10センチ以上の厚みのある車中泊専用、もしくはキャンプ用のマットをおすすめしたい。それだけ厚みがあれば、シートの多少の凹凸を吸収してくれるだけでなく、シート間の谷間を埋めてくれる場合もある。毎回、平らなスペースをつくるためにあれこれと工夫する手間を考えると、マットを購入して広げるだけのほうが、簡単かつ快適だ。

ふたつめのアイテムが寝袋。封筒型はより布団に近く、マミー型はコンパクトになる。中綿でいえば、ダウンはコンパクトになり、化繊ならば水に強い。使用温度域に合わせて各種発売されているので、シーズンによって変更もできる。コンディションが自宅よりも過酷にならざる得ない車中泊には、やはり寝袋がベターだと思う。

最後は窓をふさぐシェード。「体をリラックス」させる、睡眠のために必要なのがマットや寝袋ならば、「心をリラックス」させるのがシェードだろう。マットや寝袋と比べて、最初は重要度が低く感じるかもしれないが、安心・安全なプライベート空間をつ

三種の神器。上から、マット・寝袋・シェード

くることができると、けっこう違うものだ。

先に紹介した、カーテンの装着も同様の効果を得ることができる。しかし、車体に加工が必要となることも多いので、「まず試してみる」気軽さでいうと、シェードに軍配があがると思う。

あると便利なアイテムいろいろ

クルマの中で何をして過ごすか、あれこれ妄想するのも、すでに車中泊の楽しみのひとつ！　……とはいえ、クルマには限られたスペースしかなく、あれもこれもと持ち込むわけにはいかない。まずは必要最低限のグッズを揃え、その後、自分の車中泊スタイルやスペースに合ったグッズを揃えていくのがいいだろう。

これから紹介する快適グッズは「必須」というわけではない。しかし、用意しておけば車中泊環境がかなりアップするものばかり。まずおすすめしたいのは、**「ランタン&**

ライト」「**ミニテーブル**」「**クーラーボックス**」「**密閉ボックス**」の4つだ。

車中泊というと快眠環境を整えることに力を注ぎがち。だが、忘れちゃならないのが、「車内で過ごす」時間。こちらの環境も整えられれば、クルマ旅の質がさらに向上するはず。

まずは**LEDランタン&ライト**。車中泊時はエンジンをオフにするので、一般車の場合、車内灯は短時間のみ。そこでLEDタイプの明かりを用意したい。車内を照らせるほか、夜に車外に出るときも重宝する。深夜にトイレに行きたくなったとき、スマホのライトではちょっと心もとない場所もある。

次に**ミニテーブル**。これは車内での飲食や、小物類の置き場として活躍する。シート上やフロア上にそのまま食べ物や飲み物を置くのは不安定だし、衛生面も気になるところ。ジュースをこぼしたときの精神的ショックといったら……。仕事にも活用できるので、ぜひとも用意したいグッズのひとつといえる。

そして**クーラーボックス**も重要だ。食べ物や飲み物の保冷や保温に役立ち、寝る前に一杯、冷たいビールを飲むこともできる。また、旅先で出合った要冷蔵のご当地グルメなども一時保存しておける。

シート間や足元に置いてテーブルや床の代わりになるハードタイプも捨てがたいが、使わないときに折りたためるクーラーバッグもコンパクトになり便利だ。自分のスタイルに合わせて、タイプを選ぼう。

また、汎用性の高い**密閉ボックス**もいくつかほしいところだ。車内で意外と気になるのがゴミの臭い。特に生ゴミ類は臭いがきついので、ふたがかっちりと閉まる密閉ボックスがあると重宝する（見た目的にも、ゴミが詰まったコンビニのビニール袋が転がっていると、ちょっとテンション下がりますよね？）。ほかにも、雨で濡れた衣類などを一時収納することもできる。

この4アイテム以外にも、耳栓、アイマスク、枕やS字フックなどもあると便利。就寝時、車外の音はけっこう響くもの。気になる人は耳栓を用意。まだ「窓の目隠し」が準備できていないときは、まずはアイマスクで対応してもいい。もちろん枕も用意すれ

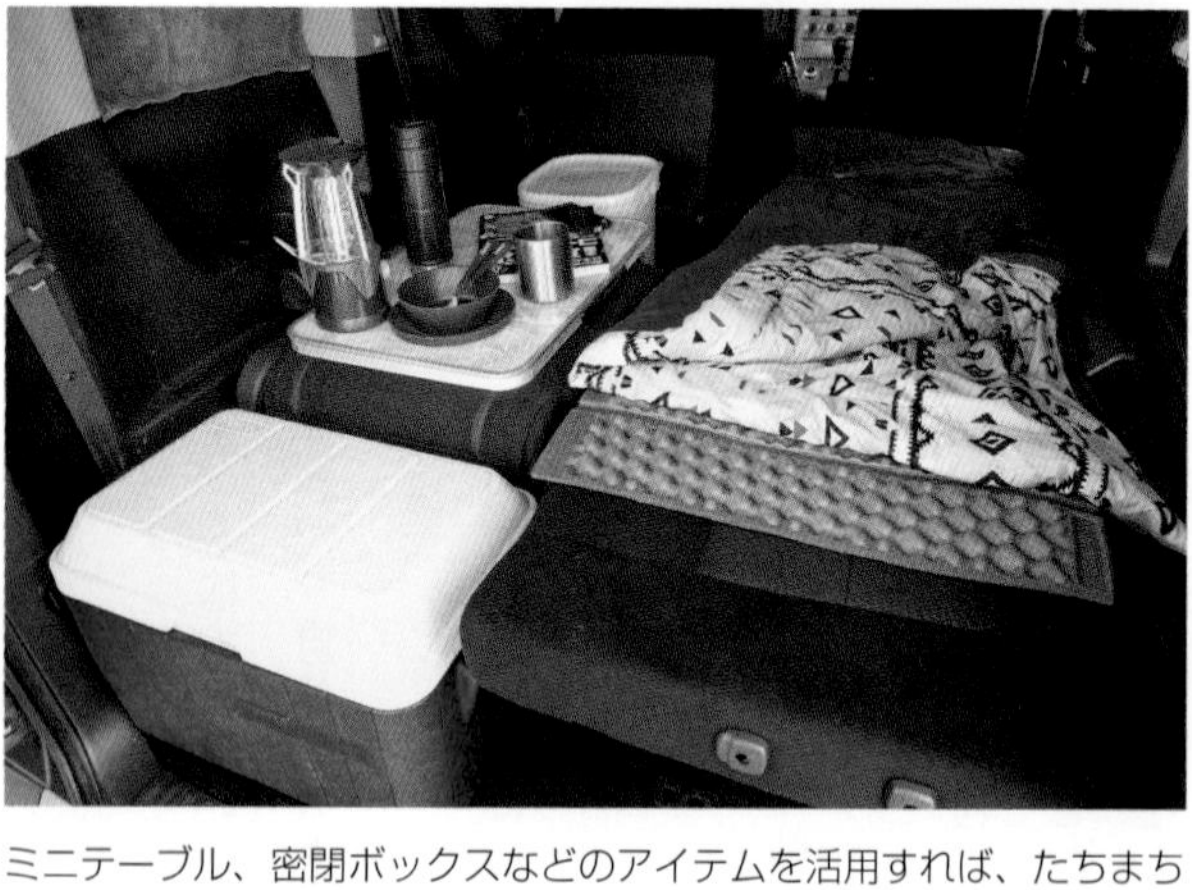

ミニテーブル、密閉ボックスなどのアイテムを活用すれば、たちまち自分だけの空間が出来上がる！

ば快眠度はアップする。１００円均一グッズにも多いＳ字フックを、アシストグリップなどに掛け、そこに荷物を吊るせば、車内空間を有効活用できる。

１００円均一グッズと簡易カスタム

いまや１００円均一ショップに行けば、さまざまなものが揃う時代。コストパフォーマンスはもちろんのこと、その品揃えや品質など、むかしのような「安かろう、悪かろう、ダサかろう」ではなくなってきている。これを車中泊に活かさない手はない！

S字フックの活用例

では、どんなものがどう役立つか？　具体的におすすめアイテムを紹介しよう。

いち押しは収納アイテムだ。結構びっくりするのだが、100円均一グッズには見えないボックス類も多数ある。限られた車内空間を、効率よくアクティブに活用するためには収納は重要項目。小物を車内でなくす人も多いので、プラスティックのボックスなどはどんどん活用したい。

ウェアやタオル、毛布などをコンパクトかつきれいなままで保管できる圧縮袋も、かなりの種類がある。もちろん掃除機を使うタイプではなく、手で丸めて圧縮できるタイプがおすすめ。旅先で何度も繰り返し使用できるし、この値段なら、最後に密封できるゴミ袋として天寿をまっとうしてもらってもいいかも。

さらに、ワイヤーネットやそれに装着して使えるバスケットなども豊富。吊り下げるためのグッズは数多く出ており、S字フックや大型クリップ、ハンギングベルトを車内で活用したり、先ほど書いたような簡易カーテンをつくったりもできる。最近はアウトドア用品もラインナップされるようになってきており、今後、さらに車中泊ライフを豊かにしてくれるはずだ。

注目のポータブル電源と「カー電」

今、車中泊シーンで大注目なのは**ポータブル電源**！　「ポータブル」といいながらも、大容量タイプであれば夏は冷風アイテム、冬は電気毛布などが使え、「暑さ寒さ」の対策が簡単にできるのが魅力。車中泊テクが未熟な初心者ならなおさら、電気の力に頼る車中泊もありだ。

また、いきなり登場した聞きなれない言葉「カー電」。これは、家で使用する電化製品を「家電」と呼ぶのに対して、**クルマで使用する電化製品を「カー電」**と呼んだものだ。（私が勝手に呼んでいる、のだが）

キャンピングカーに設置されている本格的な電化製品も広い意味ではカー電だが、一般車で使用することを踏まえるともう少し範囲は狭い。まずは狭い車内でも持て余さないように、比較的コンパクトかつ軽量なもの。そして、クルマならではのDC電源を活用するものか、さらには先に紹介したポータブル電源の容量でも使用できるような小電力仕様のものが多いのが特徴だ。

例えば、ジェーピーエヌから出ている**「タケルくん」**は、クルマのDC電源を使用する直流炊飯器。元祖カー電ともいえるアイテムで、出発前に炊飯の準備を行い、ドライブして、現地に着いたら炊けているという便利な逸品。分量も1・5合という食べきりサイズが車中泊にピッタリ。別売りにはなるが、専用のポータブル電源もラインナップされてい

ポータブル電源も、最近は小型のものが多く発売されている

「タケルくん」と「トラベルマルチクッカー」。「カー電」の代表格だ

る。

大きなブームとなった「**トラベルマルチクッカー**」もカー電の代表格。ヤザワコーポレーションから発売されている鍋とヒーターが一体となった電気調理器だ。ちょうど1人前のラーメンや丼がつくれる大きさで、このトラベルクッカーでどんな調理をしたか？　が一部ＳＮＳで話題となった。

その他、車内を意識して発売されているものも多数あるが、そうでない通常の家電をいかに車内で活用するかというのも、車中泊の面白さになっている。便利さ・快適さとともに、「それ、やっちゃうの!?」を追求してみるのも楽しい。

エコノミークラス症候群の予防

章の最後に、この危険性についてはきちんと触れておかないといけない。エコノミークラス症候群（急性肺血栓塞栓症）とは、長時間同じ体勢で過ごしたあと、歩きはじめたときに、急に呼吸困難やショックを起こす病気だ。

具体的には、足の血液の流れが悪くなると、血管（静脈）の中に血液の塊（血栓）ができてしまうことがある。この血栓が、歩行などをきっかけに足の血管から離れ、血液の流れに乗って肺に到着し、肺の血管を詰まらせてしまうことが原因といわれている。健康な人にも発症するが、動脈硬化などの疾患を有する人や高齢者は特に注意が必要。

呼吸困難が主な症状だが、血液の塊が小さい場合、症状を感じない場合もある。初期の症状は、下肢の赤み、腫れ、むくみ、だるさなど。車中泊でこんな症状が出たら、注意してほしい。

まず覚えておきたい予防法としては、**就寝時の姿勢の改善**だろう。狭い車内で、同じ体勢で長時間にわたって滞在することが多くなると、体内の血流が悪化。特によくない姿勢は、足を下にして長時間寝ること。足は心臓から最も遠い部位だが、そこを下にしていると、血液が足に滞ってしまう。

できるだけ足を心臓と同じ高さくらいにして過ごすこと。そして同じ向きで寝ないことなど、就寝時の体勢を変えることが大切だ。

また、足の血液を心臓に循環させるために、とても重要な働きをする筋肉がふくらはぎで、第二の心臓とも呼ばれているほど。長時間同じ体勢で、足から心臓への循環がうまくいかなくなった際は、ふくらはぎの働きを助ける「サポートソックス」を着用すると効果的だ。

さらに、血液の循環をよくするためには、**日中に適度の運動を行うことも大切。そしてマッサージを行う**ことも効果が高い。

狭い車内でもできる方法としては、靴を脱いで足首の曲げ伸ばしを行ったり、足の指でじゃんけんを行ったりすること。固まった筋肉をほぐすことで、血流は改善する。

そして、**もうひとつの予防方法が水分補給**。車中泊が多くなると、トイレの問題などがあり、水分摂取が足りなくなることも多い。水分摂取が不足すると、血液が脱水状態となり凝固しやすくなる。これもエコノミークラス症候群の原因となる。夜間も車内で水分補給ができるように、水分を準備しておくことが大切だ。

こういったエコノミークラス症候群は、災害時の車中泊避難でのみ起こることと思われがちだが、レジャーで車中泊を楽しむ場合でも発症することがある。けっして甘く見ず、しっかりと予防していきたい。

第三章

旅を成功に導く安心・安全な場所選び

車中泊できる場所とは？

どこでもクルマを止められれば車中泊できるわけではない。では、どこが車中泊できる場所なのか？　ここでは、公に認められているスポットを紹介しよう。

まずは安心の**オートキャンプ場**。車外にテーブルやチェアを広げてくつろげ、火を使った調理なども可能。トイレ、洗面所、シャワー、売店などを完備しているところも多く、車中泊にはうってつけだ。ただし、キャンプ場によって異なるルールや地域差

オートキャンプ場

もあり、冬季閉鎖やチェックイン／アウトの制限があるのが気になる点といえるだろう。

車中泊専用駐車場ともいえるRVパークは、日本RV協会が道の駅や日帰り温泉施設などと提携して開設したもの。駐車場の一角に有料の車中泊エリアがあり、**施設公認で車中泊がOKとなっている**。24時間利用可能なトイレや、入浴施設、ゴミ処理まで頼める施設も多くあり、安心して利用できる。現在では、全国に約200ヵ所（2021年6月）ほどあるが、今後さらに増やしていくことを日本RV協会は明言している。

また、その日本RV協会の下部組織である「くるま旅クラブ」が統轄している、車中泊可能な駐車場もある。会員限定ではあるが、温泉施設の駐車場を利用する「湯YOUパーク」やレストランなどお食事処の駐車場が利用できる「ぐるめパーク」があり、施設を利用して車中泊を行える。

RVパークとオートキャンプ場の違い

ともに代表的な車中泊スポットだが、大きな違いはキャンプ行為が許されているかどうか。ここでいうキャンプ行為とは、焚き火やＢＢＱなどの火気の使用やテントを立てたりすることである。

車中泊にキャンプ要素も取り入れたい人は、やはりオートキャンプ場を選びたい。一方でＲＶパークは、観光やアウトドア・アクティビティが目的で、その宿泊手段として利用する人が多い印象だ。

しかし最近では、ＲＶパークのなかでも焚き火可能な施設や、風光明媚なシチュエーションを売りにしているところが増えてきた。その境界線はあやふやになってきており、違いは、「施設による」ところが大きい。とはいえ、そういったＲＶパークの数はまだ限られているので、利用する前にしっかりと確認したうえで、自分の車中泊のスタイルや用途に合わせて選んでほしい。

RVパークも車中泊の人気スポットだ

道の駅やSA・PAで車中泊は可能？

長旅で使用する人が多い**SA・PA**は、トイレや売店、食堂、給油所などが揃う高速道路上の休憩施設だ。人の出入りが多く、明るくて安心感は高いが、あまりに長居をしたり、キャンプ行為を行ったりするのはマナー違反となるので注意したい。

道の駅も同様。そもそも道の駅は、駐車場やトイレを有する、24時間利用できる休憩施設であり、そこで仮眠をとるのも構わない、という場所。**「あくまで仮眠、もしくは長時間の休憩」**が許容されている状況だ。はっきり禁止と掲示しているところもあれば、現地の判断で許容してくれているところもある。利用する際は節度をもって、休憩のための宿泊にとどめるようにしよう。

最近「車中泊」「マナー」というキーワードでメディアを騒がすのは、SA・PAか道の駅でのマナー違反である。なかには、利用者のマナー違反が目立ったために、「車中泊禁止」を掲げる道の駅も出てきてしまっている。「夜に仮眠をとるのはOKだが、車中泊はNG」。最初から泊まるつもりの、車中泊が目的の利用はNGということだろう。そもそも車中泊の定義とは……と哲学的なことを考えてもしょうがなく、「禁止」を掲げている道の駅は、私もすすめるわけにはいけない。やっぱり禁止と言われた以上は、「公で認められている場所」とは言えないしね。

少数派のマナー違反者が、車中泊を楽しむ人たちの印象を決めてしまっている。そして車中泊をできる場所が減ってしまう。車中泊を楽しむあなたのためにも、くれぐれもマナーを守った使用を心掛けたい。

続々と登場する新車中泊スポット

最近では、かんぽの宿の駐車場を利用する「**くるまパーク**」も、注目の施設だ。くるま旅クラブの会員になる必要があるが、車中泊をしながら、かんぽの宿の施設が使用できるのが特徴。ゆったり温泉に入ったり、別料金となるが豪華な食事も館内で食べられたりする。

そして、最近の車中泊スポットで忘れてはいけないのが**「カーステイ」**だろう。全国各地に点在する駐車場や空き地を、車中泊スポットとして貸し出し、利用できるシェアサービスだ。

登録されているスポットは、車中泊が認められている場所。ウェブサイトで検索、予約も容易にできるので、今後、車中泊スポット探しの心強いツールになりそうだ。ちなみに、かんぽの宿はこのカーステイとも連動している。

また、コインパーキングを全国展開しているトラストパークやタイムズなども、現在RVパークと提携して、どんどん車中泊スポットを増やしている。こういった一般駐車場から、遊休地や廃校利用なども計画されているそうだ。新たな車中泊スポットが続々と登場するのは、我々にとって歓迎すべきことだろう。

道の駅甲斐大和

道の駅を利用する際は、くれぐれもマナーに注意しよう

事前チェックも大切

車中泊というと「行き当たりばったりの旅」「駐車場があればＯＫ」と思われがちだが、そんなことはない！　現地や周辺の事前確認は大切なのだ。

先に書いたように、車中泊場所として人気の道の駅やＳＡ・ＰＡも、各施設によって対応が異なる状況である。また、「駐車場で勝手に車中泊」をしたりすると、現地でトラブルになることもある。車中泊難民にならないためにも、可否はきちんと調べておこう。

場所の目途がたったら、やっておきたいのが現地や周辺の下調べ。**トイレの有無**や、できれば**飲食店**、**ガソリンスタンド**、**入浴施設**なども確認しておくとベターだ。「道中で食べるからいいや、お風呂は翌日に入ればいいや」という予定だったとしても、予期せぬトラブルはつきものである。「10分走ればスーパー銭湯がある」など、頭の片隅に入っているだけでも安心感は違うものだ。

とくに地方へ出かける場合、「まあ、その辺のコンビニで買えばいいか」と思っていたら、全然近くにない！　ということも。また商店なども、地方ではえてして、早々に店じまいしてしまうことが多い。町の感覚で過ごせるとは限らない！

駐車位置で変わる安眠状況

車中泊デビューの次のステップは、車中泊地での場所選びだ。いくら寝床をフラット化して窓の目隠しをしても、準備万端整えて、情報収集もバッチリして出かけても、最後の最後、駐車環境が悪かったら台なしだ。現地に到着しないとわからないことも多々ある。あんなに準備したのに……トホホ。そうならないために、基本を押さえて安全、快適、最適に過ごそう。

車中泊の駐車位置で避けたいポイントは4点。①クルマの通行が多すぎる場所。②傾斜地。③共有スペースに近すぎる場所。④暗すぎる場所。もちろん個人の好みもあるので、現地に着いたら自分の目でしっかりと確認し、最適な駐車位置を見つけること。

じつは車中泊の駐車位置に、ここが正解という場所はない。「避けたいポイント」とは書いたが、人によって判断が分かれるかもしれない。他の利用者への迷惑や安全性からいうと、①・②はたしかに避けたい。しかし、「トイレが近いから共有スペースのそばがいい」とか、「ひっそりと静かな場所がいい」などは、人によって判断が分かれるところだ。

自分を知ることが大切、自分がどんな人間かを見つめ直して……は、言いすぎですね。肩肘はらず、楽しくいこう！

駐車位置によって、快適さは大きく変わる。他の利用者の邪魔になってはいないか、夜間トイレに行きやすいかなどを考えて、最適な場所を見つけよう

知っておくべき車中泊マナー

ここでは、さまざまなスタイルで車中泊を楽しんでいる人たちに共通する「心得」と「着眼点」に焦点を当てたカーネル流の車中泊マナーを紹介したい。

車中泊の目的も、場所も、時期も異なるさまざまな旅行者をひとまとめにして、「あれはいけない」「これはいけない」というマナーは、提言することも守ることもなかなか難しい。

車外での炊飯ひとつとっても、その場所が多くのクルマが出入りする道の駅か、車外炊飯もどうぞといってくれるキャンプ場か、一般の人はあまり来ない広々とした河川敷かによって、それがマナーとして許されるか、許されないかは異なってくる。

大事なことは、みずからがどんな場面でも自信をもって判断を下せる「基準」をもつこと。車中泊をする場合に特に気をつけるべきこと、そしてマナーの基本的な考え方を身につけておけば、どんな場合でも応用が利くはず。
カーネルが推奨する車中泊マナーの心得を紹介しよう。

●カーネル流車中泊10カ条

1、ルールのあるところではルールに従う。
2、周囲にいる人たちに迷惑をかけない。
3、その場所の所有者・管理者の意向を推察し、それにこたえる行動をとろう。
4、近隣の住民や通行者への配慮をしよう。
5、日本中で車中泊を楽しんでいる人への配慮をしよう。
6、あとから利用する人へも配慮をしよう。
7、車中泊を認め、便宜を与えてくれる人々への感謝の気持ちを忘れない。
8、マナー違反やマナーに欠けていたと気づいたら率直に謝り、改めよう。
9、迷ったり判断しかねたりしたら、とりあえずやめておこう。

10、最後に、よかったことやうれしかったことは分かち合おう。

もちろん、右記以外にも、アイドリングストップや騒音に注意すること。リードを着けていないペットなど、具体的な細かなマナーもある。

まずは車中泊公認の駐車場で行うこと。そして判断に迷ったら、施設の管理人に質問して確認してほしい。

第四章●クルマ旅の基礎知識

計画の立て方

車中泊でのクルマ旅は自由！　しかし自由だからこそ、楽しい旅にできるかどうか、計画によって大きく異なるのも車中泊だ。「成り行きまかせ」で、いい思い出が作れるとは限らない。

もっとも、「何時までに○○に到着して、何時までに△△△をして……」と、ガチガチに計画を練る必要はない。ある程度、柱となる計画を立てておくこと。そして、利用しようとしている施設の営業時間や定休日を、事前に調査しておくことが大事だ。

さらに可能なら、車中泊をする場所は明るいうちに見ておいたほうが無難なので、それぐらいの余裕をもった計画にしておくと、ベターといえるだろう。

計画を立てる際のポイントは、次の通りだ。

1　旅の目的と目的地、全体の日数を決める。

2　車中泊予定地と目的地、移動時間を考慮した全体のルートを考える。

3　睡眠時間、食事時間、入浴時間、移動時間などを差し引いた場合の、一日の観光時間やアクティビティにかける時間を導き出す。

4　目的地内の行動時間、移動距離、体力（自分および同行者）、時期（夏休みや冬休みなどの混雑）を考慮して、右記の3の時間を、一日ごとに割り振る。

5　全体を見直して、緊急事態のための場所やルートを加味しておく。

計画を立てる順序に決まりはないが、参考までに。とくに注意すべきは「4」だろう。体力や時期によって、目的地で費やす時間や距離は大きく変わる。「こんなはずじゃあ……」なんこともよくある話だ。

しかし、こういった場面でこそ「車中泊の自由」が活きてくる。臨機応変に、ちょっとした目的変更ができるのは、車中泊ならでは。

「金曜日に車中泊」して二泊二日

一年の中で、一週間や一ヵ月ものクルマ旅に出かけられる機会は、それほど多くない。

いざ「二泊二日旅」！　仕事を終えてウキウキのワタシ

平日に働いている人だったら、チャンスはゴールデンウィーク、夏休み、シルバーウィークに年末年始。または、転職・退職のタイミングとか……。週末だけの一泊二日だと、行ける場所は限られてくる。

しかし車中泊を駆使すれば、いつもの週末をより有効に使うことができる。ここでは、平日に働くあなたのための、**「二泊二日旅」**を提案しよう。

ポイントは、木曜日の事前準備と金曜日の夜の使い方だ。

まず木曜日の夜、週末のクルマ旅の準備をパッキングして、クルマに積んでおく。金曜日の朝は通常通りに出社。週末の旅行に思いを馳せて、ときどきボーッとしたり……してはいけない。テキパキと仕事を片付け、できるだけ早く帰宅。軽く食事と入浴を済ませたら、すぐに出発！

時間に余裕がない場合は、道すがら、食事や入浴を済ませるのもいい。金曜日の夜に中間地点、もしくは目的地近辺まで移動して、その晩は車中泊。土曜日朝から行動を開始すれば、一日をたっぷりと使うことができる。

土曜の夜も車中泊でもいいのだが、旅先の旅館やホテルでゆったりとくつろいだり、温泉や地元の食材に舌鼓をうったりするのもいい。さながら、車中泊とホテル泊のハイブリッドだ。

日曜日は、渋滞に巻き込まれる前に早く出発して、月曜日からの仕事に向けてゆっくりするもよし。日曜日もまた、一日をたっぷり使うもよし。車中泊を組み込むことで、効率のいい週末「二泊二日」の旅が実現する。

さらに欲張りなスケジュールとしては、日曜日も夜まで楽しみ、遅い時間になってから帰路につき、道中で車中泊をしながら、月曜日の早朝に帰宅するというスケジュールも可能だ。ただし、いくら睡眠をとったとしても、旅の疲れは出てしまうかもしれない。仕事中にあくびが出ないよう、ご注意を。また万が一、事故やアクシデント、渋滞に遭遇した場合、リカバリーがしにくいということも、気に留めておこう。

もっと欲張りなあなたには、さらなる上級ワザ「三泊二日」プランもある。コロナ禍によって企業のリモートワーク導入が進み、必ずしも出社をする必要がなくなった人も多いだろう。日曜日もそのまま現地で車中泊をし、月曜日はリモートワークを装いながら、実は旅行からの帰り道……なんてことも可能かもしれない。が、そのあたりは自己責任でお願いしたい。

そんなことを言っていたら、最近、「バケーション」をしながら働く「ワーケーション」なんていう言葉も生まれてきた。冗談のつもりが、これはマジメに「新しい働き方」になっちゃったかも!? また後で触れるが、クルマ旅の可能性はどこまでも広がりそうだ。

中長期の車中泊で注意すること

もっと思い切った、一週間、一ヵ月という中長期のクルマ旅に出かける場合、注意するのはどんなことだろう。一ヵ月ともなれば、もはや「旅」というより「生活」となるので、少し考えを変えてみよう。

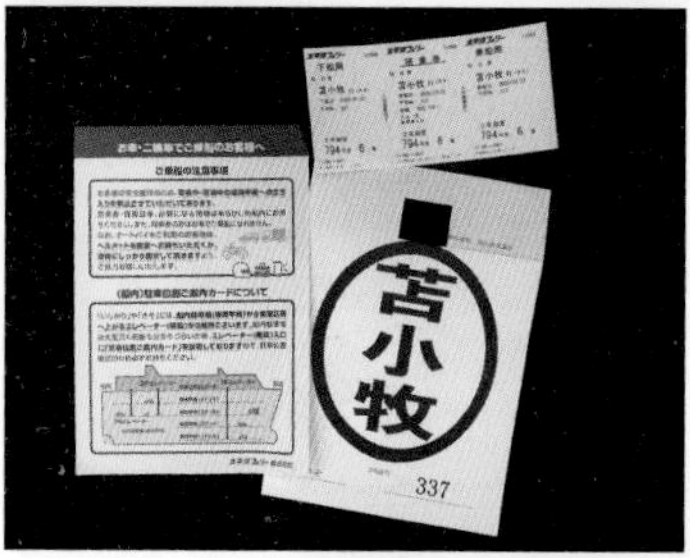

本州から北海道・四国・九州など、クルマとともに移動できるフェリーは、長期の車中泊旅行に欠かせない

中長期でのクルマ旅であっても、行き当たりばったりではなく、やはり日程とルートは大まかでいいので決めておきたい。予約が必要なフェリーや一部宿泊施設、絶対に行きたい場所の目途を押さえておいて、あとは自分だけの旅をゆったりと楽しもう。現地で臨機応変にスケジュールを変更して楽しめるのが、クルマ旅と車中泊の魅力だ。

そして注意すべきポイントは、**復路にかかる時間とその予算を残しておく**こと。そして道中で行う**洗濯**や**ゴミの処理**だ。

たとえば関東近郊から北海道、四国、九州を旅する場合、スタートから目的地までは比較的スケジュールどおりに進む。しかし現地で旅を満喫しすぎて、復路の時間が非常にタイトになってしまったり、お金を使いすぎて、帰りの食事はずっとコンビニのおにぎりだけになったりというのは、なんだか味気ない。復路に費やす時間とお金もしっかりと残しておく。

また、いくらクルマに積めるとはいえ、大きなトラックではないし、準備できる着替えや途中で出たゴミ対策も重要だ。ランドリー用のバッグと生ゴミを入れる密閉ボックスは欠かせない。着替えの保管にもゴミ用としても使えるビニール製の密閉袋は、いくつあっても重宝する。大小サイズを揃えてストックしておき、在庫が切れたら補充しておくといいだろう。

じつはトイレが最重要項目の理由

道の駅やＳＡ・ＰＡが、なぜ車中泊に人気なのか。駐車するのに料金がかからないということもあるが、やはり大きな要因はトイレだろう。

就寝中はともかく、就寝前、もしくは起床後にトイレがないのはやはり不便だ。女性や子どもが一緒のときは、近くに清潔なトイレがあるということが、宿泊場所の絶対条件になる。また、夜間にトイレを利用する場合、クルマからトイレまでの間は、できれば成人男性が付き添ったほうがいい。

キャンピングカーに搭載するようなポータブルトイレを携行することも不可能ではな

RVパークのトイレも、最近はとてもキレイ

い。しかし、一般車では現実的とはいえない。ミニバンやワンボックス車でも、キャンピングカーのベースモデルとなるような大きさがないと、設置して使用するのは難しいだろう。

となると、昼間は通常のドライブ同様、まずは公共施設のトイレを使用する。そして、スーパーやガソリンスタンド、レストランなど、利用した施設のトイレを利用する。

しかし、夜間になるとそうもいかない。最悪の場合、コンビニや深夜営業のファミリーレストラン、深夜営業をしているガソリンスタンドなどがある場所の近くで、車中泊を行うようにするしかない。

ＲＶパークやオートキャンプ場を車中泊スポットとしておすすめする理由は、こういったこともあるのだ。

入浴にメリハリをつける

クルマを運転しているとそれなりに疲労もたまるし、お風呂に入らないと気持ち悪くて眠れない人もいる。そんなときに立ち寄る温泉の爽快感はなにものにも代え難い。お風呂から上がってひと休みすれば、スッキリしてリセットできる。

車中泊でのクルマ旅は、立ち寄り湯をいかに行程に組み込むか、という点も大切になってくる。夏場は１日１回は汗を流したいし、冬はゆっくりと湯船に浸かって体を温めたい。

日本にはさまざまな入浴施設があり、それを活用しない手はない。各地に増加中のスーパー銭湯は、幹線道路を走っていれば数多く見かけるようになってきた。健康センターのような仮眠もできる施設から、古くから地元の皆さんに親しまれている銭湯など、その大小はさまざまで、価格もいろいろ。

最近では、有名な温泉地以外でも街道沿いの道の駅、さらには高速道路のＳＡ・ＰＡにまで、入浴施設を併設しているところがある。そういった施設なら、そこが今夜の宿泊場所と決めて、のんびりとお風呂を楽しむこともできる。目的地までの道路状況や天候に合わせて、休憩所代わりに使用するというのも安全な旅を続けるひとつの方法だ。

また温泉の多い地方などを旅するときは、あらかじめ走行ルートに沿った温泉を調べて数ヵ所の候補をピックアップしておくといいだろう。低料金で入れる立ち寄り湯も多数ある。

また、スケジュールが厳しい場合は、無理に「湯船」にこだわらないのも選択肢のひとつ。ＲＶパークやオートキャンプ場には、コインシャワーが設置されていたり、最近ではSA・PAにもコインシャワーが増えてきたりしている。事前に場所を確認しておけば、シャワーを浴びてそのSA・PAで仮眠をとる、という計画も立てられる。

　また最近、車中泊を楽しんでいる人たちのなかでは、低料金でシャワーが使用できるマンガ喫茶やネットカフェを活用している人も少なくない。全国の幹線道路や市街地には多く存在するうえ、タオルなども準備されており、1時間だけの使用なら数百円で済む。フリードリンクの場合も多く、インターネットの使用やスマホ、PCの充電もできる。使い方によっては、力強い味方になってくれるのがネットカフェだ。

外食と車中食が基本

　人によっては、最大の楽しみかもしれない、旅先での食事。車中泊の場合、基本は外食か、調理済み食品を車内で食べることになる。訪れた土地の人気店で、旬の特産品を食べるのもありだ。もちろん事前に、開店時間や定休日、予約については調べておきた

スーパー銭湯はもちろん快適。しかしSAのコインシャワーも、十分キレイで、しかも安い

いが、地方ならではのおいしいものはたくさんある。そんな名店めぐりを旅の目的にしても面白い。

もちろん、ときにはコンビニ弁当やファミリーレストランを使用することもあるだろう。しかし、リーズナブルな食事をした分の予算を、豪華な食事にまわすという考え方もアリだ。臨機応変に食事を変更できるのも、ベース基地としてクルマがある車中泊だからこそ。ご当地スーパーやコンビニも、いまや名産物の宝庫なので、ぜひとも立ち寄ってほしい。

とはいえ、土地の名産品を購入して車外で自炊する場合は、やはり場所は限られる。一部の許可された車中泊スポットなら問題ないが、道の駅やＳＡ・ＰＡなどではＮＧということをお忘れなく。

水の確保も忘れずに

飲料水は、コンビニやスーパーで購入するのが一般的。できれば、**マイボトルに入れ替えて、ペットボトルは適宜処分**していくのがよい。ゴミを極力少なくできるし、道中のコンビニで捨てるよりも、マナー的にも好ましい。

また、日本全国にはいわゆる「名水」と呼ばれる、**自由に汲める湧水**が多数ある。これらも事前に調べておけば、旅先でうまい水をたっぷり補充することができる。

クルマでの長旅で注意したいのが、第二章で書いた「エコノミークラス症候群」だ。これは、長時間の運転や膝を曲げて足を下にしたまま、同じ姿勢で就寝することが原因。血液がドロドロになり、血管に血栓ができてしまうもの。

予防するには、適度な運動とともに、十分な水分補給が必要。完全に水がなくなってから補充するのではなく、常に車内には1~2リットル前後の水を常備しておき、こまめに水分を補給したいところだ。くれぐれもトイレが面倒といった理由で水分補給を怠らないこと。

食事以外でも、洗顔や歯磨きなどで使用することも考えて、車内保管の水は、常に余裕をもった量を積んでおきたい。同行者の人数も踏まえて準備すること。道の駅やＳＡ・ＰＡ、一般駐車場に隣接するトイレなどには、身支度に利用できる洗面所は多数あるが、基本は最低限の常識的な利用のみにとどめたい。ＲＶパークやキャンプ場の洗面施設は、もちろん問題なく洗顔や歯磨きに使用しても構わない。

快適な車中泊はゴミ処理から

車中泊でもゴミの持ち帰りは基本中の基本。長期にわたる車中泊の場合はそうも言っていられないが、２泊３日程度の旅行なら、やはりゴミは持ち帰るのがマナーというものだろう。休日のＳＡや道の駅などで、あふれかえったゴミ箱を見ると悲しい気分にな

水は、余裕をもった量を積んでおこう。ペットボトル以外にも、さまざまな便利グッズが出ている

る。明らかにエリア内で出たゴミではなく、外から持ち込まれたゴミとひと目でわかるからだ。

「みんながやっているから自分たちもいいだろう」という考えは、そのうちに自らの首を絞めることになる。とくに、車中泊をする人が多い道の駅で目に余る行為が見られるようになると、「車中泊お断り」につながってしまう。

そこで車中泊の旅をする際、ゴミをなるべく出さないような工夫やゴミ処理を心がけよう。まずオートキャンプ場やＲＶパークには、ゴミ捨てＯＫの場所や、入場する際にゴミ袋を渡され、その袋に入れたゴミについては、施設で処理してもらえるという場合もある。そういった施設を旅の行程にあえて入れておくと、途中で車内をきれいにできる。

そして、ゴミをきちんと分別しておくことも忘れずに。地域によって分別の細かさは異なるので、自宅での分別ルールと同じとは限らない。できるだけ細かく分けておくと、のちのち困らずに済む。

そして、最も簡単にできるのは、そもそもゴミになるものを増やさないこと。買い物をしたときには、余計なパッケージや包装紙を持ち帰らない。たとえば、レトルト食品の外箱やスーパーで売っている果物のトレーなど、その場で外してお店のゴミ箱やリサイクルボックスに入れるようにしよう。ボール紙や不燃物のゴミなどはかさばりやすいので、わずかな手間を惜しまなければ、車内に持ち込むゴミを半減させることができる。

洗濯のタイミング

ゴミの始末と同様、洗濯も重要なポイントだ。短期の旅であれば、とにかく着替えを多めに準備すれば問題ないが、一週間以上の中長期の旅では、途中で洗濯をする前提で、着替えを用意することになる。

最近では、コインランドリーも数多く、地方でも見かけるようになってきた。しかし、レストランや車中泊スポットのように、事前に調べておくには限界がある。

中長期の旅なら、途中で「休息日」と割り切って、コインランドリーを完備しているビジネスホテルで一泊を過ごすのも手だ。また、オートキャンプ場の中にも、ランドリーや洗濯してもいい炊事場を用意している施設がある。そういった場所を予定に組み込んでおいて、「キャンプの日」にして過ごすのもいいだろう。

「半分以下で給油」をクセづける

クルマがあればどこにでも行ける。ただ、クルマが動かなければどうにもならないのも車中泊。自由な行動が魅力であるとともに、ハプニングやアクシデントに遭遇することもある。とりあえず常にクルマが動くよう、ガソリンの残量は適宜チェックすること。

いざというときに備えて、ガソリンタンクの残量が半分くらいになったら、早め早めの給油を心がけるようにしたい。旅の途中に急いで家に帰らなければならなくなった場合などのことも考え、常に素早く動ける態勢を作っておこう。

天候の急変や自然災害などで取り残されることもある。そのときにクルマのエンジンがかかれば、エアコンを使用することができる。もちろん、アイドリングストップは基本中の基本。特に冬期、雪に埋れてしまう可能性があるときは、絶対にエンジンオフを守りたい。（もちろん、雪に埋もれる前に、計画変更や撤退をするのが望ましいが）

旅先で給油を行うときは、ガソリンや軽油の価格が気になるもの。とはいえ一般車なら1リットルあたり5円違ったとしても60リットル給油して300円の違いだ。普段ならこの差は大きいが、知らない土地に来たときにガソリン代に目くじらを立てても仕方がない。地図上ではあるはずのガソリンスタンドが廃業していることだって考えられる。であれば、少しくらい高くても、ガソリンスタンドを見つけたときに給油する。300円はその安心を買う金額だと考えよう。

さらに、積雪期をクルマで旅する場合、軽油やウォッシャー液には凍結しない「寒冷地仕様」が存在する。そのため、北海道や東北、雪深い高地を訪れる場合は、現地で給油したり、液の濃度を濃くしたりしておいたほうがいい。

疲れや異変を感じたら無理をしない

クルマ旅でもっとも避けたいのが、「無理をすること」だ。日常から離れて移動しながら就寝するわけだから、どんなに快眠できたとしても、少しずつ疲れは溜まる。

　回数を重ねていくと、体も心も慣れてきてドンドン元気になる人もいる。しかし、車中泊を始めたばかりで、いきなり熟睡できる人はそれほど多くない。まずは心身ともに徐々に慣らしていくこと。

　旅の途中で、精神的にも身体的にも不調を感じたら、絶対に無理をせずに休息を入れる。それでも復調しない場合は、思い切って旅を中断して帰宅してほしい。

　クルマ旅の魅力でもある「運転」は、その半面、負担になることもある。無理をして事故を起こしたり、体調不良で旅先の病院にお世話になったりしては、何のために車中泊を活用したかわからなくなってしまう。早め早めに判断すること。同乗している家族や仲間も同様だ。

　さらに、旅の相棒であるクルマも、長距離・長時間移動で不調となることもある。人間と同じく、異変を感じたら、すぐにカーショップやガソリンスタンドにピットイン。山奥で動けなくなってしまい、助けを呼びたくても携帯電話もつながらない……という最悪の事態は避けたい。ぜひとも愛車の異変にも耳を傾けてほしい。

また、これまで「マナーを守ろう」と書いてきたが、それ以前に覚えておいてほしいことがある。それは、**「命より大切なマナーはない」**ということだ。「禁止されている場所では車中泊をしない」ことやアイドリングストップは、確かに守るべきマナーだ。ただし、重大な事故や最悪の事態につながりかねないときは、マナーよりも大切なものがある。かりに、そもそも準備が不十分だったとしても、見通しが甘かったことを責められようとも、いざというとき、「命より大切なマナーはない」のだ。

第五章

季節によって変わる車中泊

春の花粉はどう防ぐ

本来なら、暑くもなく寒くもない春は、秋同様に、気候的には車中泊のベストシーズンといえる季節だ。しかし、昨今の日本で季節の風物詩（？）として話題に上るのは、やはり花粉だろう。

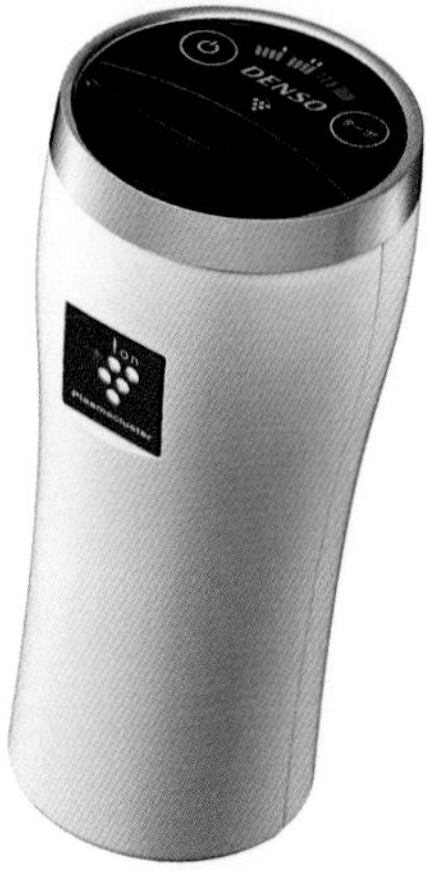

花粉症がひどい人は、小型の空気清浄機も利用しよう

車中泊の旅でもご多分にもれず、やはり花粉の影響は大きく受ける。特に花粉の原因ともいえる杉などが多い山中のキャンプ場などでは、泊まる前に車中泊スポットをしっかりとリサーチしておかないと、花粉症の人は大変なことになる。

花粉症のやっかいな点は、単純に目や鼻に影響がでるだけでない（もちろんこれも重要だが）。アレルギー症状が重度な場合、不快なだけではすまず、体調不良を起こすことがあるだろう。さらに、症状の悪化を抑えるために服用する薬を飲むと、運転できないこともある。

そうなると、花粉がひどくて場所を移動したいのに、それもできない……なんてことも。日常的に花粉症に悩まされる人は、普段通り、自宅同様の対策をクルマでも万全にしておこう。

まずはやはりマスクを着用すること。そして自分の体に合った薬の服用、目薬の準備は普段と同様に。ただし薬によっては眠気を催しやすいものもある。また、「眠くなりにくい」というものでも、車の運転前は控えたほうがよいものもある。薬の服用については普段よりも注意して、成分や注意事項の確認とともに、服用時間と出発時間をしっかりとズラすなどしておこう。

また、車内に入るときには、衣服や髪の花粉をしっかりと払うこと。**花粉の付着を防**

ぐスプレーやコロコロなどの道具もいい。最近は、**車内用の空気清浄器**も販売されている。自宅よりスペースが狭くなる車中泊は、より徹底した対策を施したいところだ。
とはいえ、どんな対策をしても、完全に防ぎきることは難しいのが花粉。対策のしづらさでいえば、人によっては春はワーストシーズンかもしれない。重度な花粉症の場合は、いったん車中泊の旅をお休みしてもいいだろう。

梅雨の長雨対策＝カビを防ぐ

雨であってもクルマだから大丈夫……と思いがちだ。テントを立てたりする必要がなく、「屋根があるから平気だし、最悪、ずっと車内で過ごせばいい」と思ってしまう。

しかし、実際には雨対策はかなり重要。なぜなら、**雨対策は車中泊の大敵・カビを防ぐことに繋がる**からだ。

大雨だからといって、トイレに行くことはガマンできないし、何日も続く梅雨の場合、その間、一歩も車外に出ないというのは不可能だ。深夜、ベッド状態になっている車内からトイレに行き、雨に濡れて戻ってくると、やはり寝具は湿気を帯びる。ウェアや靴下から寝袋や布団が湿り、それが乾かないことも多い。さらに車内に干すと臭いも充満する。

たとえばそれが週末のみのショートトリップなら、なんとか凌ぐことはできるかもしれない。しかし、1週間～1ヵ月といったロングトリップの場合は、適宜、洗濯したとしても、寝具や車内の「濡れ」が原因でカビが発生したり、臭いが定着したりして、不快な思いをすることになる。「雨くらい……」と思わずに、しっかりと対策をしておこう。

まず車内用として準備したいのが、濡れものを入れておくビニール袋や、蓋のある密閉ボックス。そして除菌・消臭スプレーも必携だ。さらに、吸水力抜群のアウトドア用タオルや化学繊維のスポンジなどがあると、結露した水滴をこまめに吸い取ることができる。

その他では、長靴や傘などの雨具も常備しておきたいアイテムだろう。雨だけでなく、冬の積雪時にも役立つ長靴だが、コンパクトに折りたためるタイプのものはかさばらなくておすすめだ。傘は、すぐに使用できるビニール傘が数本あったほうがいいが、大雨用に大きなアウトドア用もあると安心。さらに、観光時に持ち歩く折りたたみ傘もあると便利だが、旅の目的や宿泊地、天候によって選ぶようにしよう。

また、キャンプやアウトドア・アクティビティ用のレインウェアでは、**ポンチョタイプのものが、脱ぎ着がラクで使いやすい**。ちょ

レジャーシートを垂らしておく方法も

っとトイレにいくときや、傘を持たず荷物の出し入れをしたいとき、サッと羽織っておけばいい。

さらに、入り口にレジャーシートを垂らして、出入りする際に車内に雨が入りづらくする手もある。雨の中で、どうしても車外に出て作業を行う必要がある場合は、いったん屋根のある駐車場を利用して、荷物の出し入れやベッドメイキングを行うことも視野に入れたい。もちろん、そういった立体駐車場自体での車中泊は、場所によって確認が必要なので、安易にしないこと。車中泊を行うわけではなく、短時間に限って荷物の出し入れや寝床の準備をするくらいなら、許可は必要ない。とはいえ、他車やその駐車場に迷惑をかけないことが大前提となる。

夏の暑さはどうにもならない？

夏休みなどで長期の休暇が取れる夏は、車中泊のベストシーズンに思われがち。しかし休みは取りやすくても、ここ数年の夏の暑さといったら……。「泊まる」という点で、もっとも過ごしづらい季節は夏だろう。冬の寒さであればいくつか凌ぐ手立てをおすすめできる。しかし、猛暑・酷暑は、どうにもならない。

そんななかで、もっとも有効な対処法は、**「高いところにいく」**こと。車中泊スポットの標高を上げる、もしくは、緯度を上げることだ。標高100メートル上がるごとに気温は0・6度下がるといわれている。つまり、標高0メートルの気温が30度だったとしても、標高1000メートルのオートキャンプ場であれば、24度ということになる。また、関東以南では暑くて寝られない夜も、気温が低い北海道や東北地方なら、車中泊でも涼しく寝られることも多い。やはり、まずは車中泊スポットの標高や緯度を上げることが、夏の暑さを凌ぐテッパンだ。

また、車中泊を行う位置にもコツがある。熱がこもるアスファルトよりも**土の地面のほうが熱を感じない**。さらに、直射日光が当たる場所よりも日陰のほうが車内温度の上昇は抑えられる。そういった意味で、アスファルトやコンクリートの駐車場よりも、夏はオートキャンプ場がおすすめといえる。木陰なども多くあり、快適なスポットが見つかりやすい。

また夏向けの電化製品やグッズは、近年の夏の暑さのためか、使えるものが多く登場してきている。

まずは**簡易クーラーや冷風機**。持ち運びができて大容量のポータブル電源が普及してきていることや、電気自動車やハイブリッド車が数多く登場してきていることから、一般車の車内で使えるものが増えている。キャンピングカーであれば、家庭用エアコンを装備しているモデルもある。電源サイトの増加もあり、今後も新商品が続々出てくることは間違いないだろう。

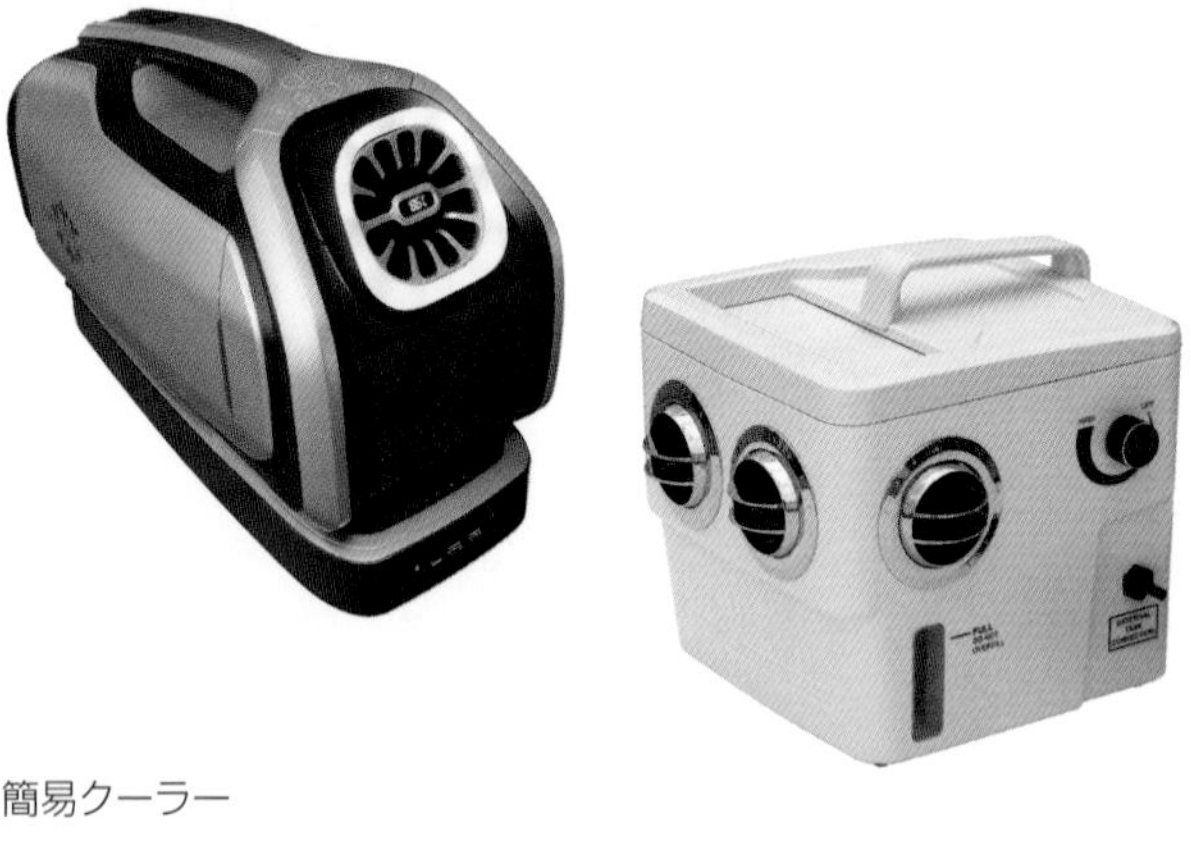

簡易クーラー

また活用したいのは、**化学繊維が採用されている衣類や敷パッドなど**。吸水速乾に優れた生地は、汗をかいてもすぐにさらさらにしてくれる。さらに最近では、涼感系の製品も数多く発売されている。

電気の力を借りることなく、触れた肌を涼しく感じさせてくれる涼感系の生地は、車中泊では絶大な威力を発揮してくれる。量販店などでも手軽に手に入れることができ、１０００円前後

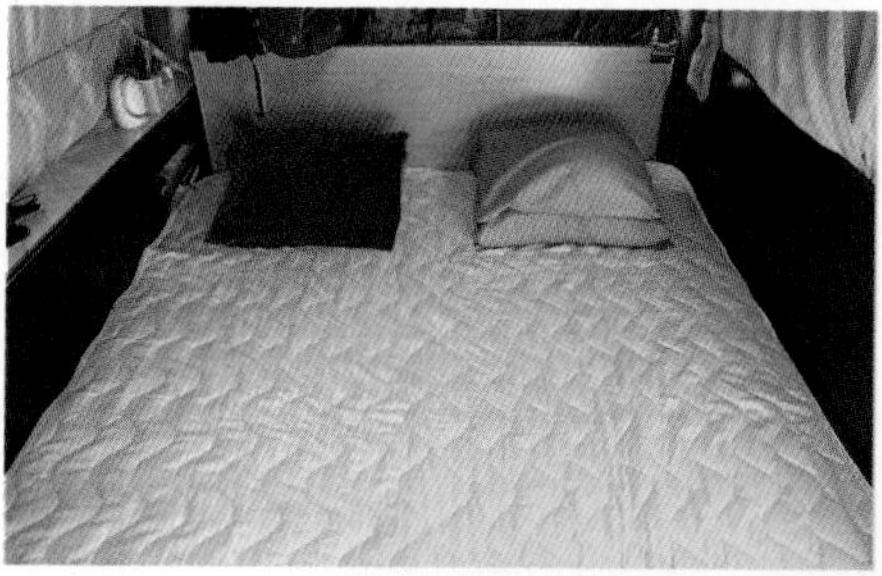

涼感系の生地をつかったシーツやパッド

から購入することができるので、1シーズンごとに買い替えることも難しくない。ジェルタイプから丸洗いができる製品まで、特徴もさまざまなので、一度調べてみて、自分に合ったものを選びたい。

さて、ここまで書いてきた暑さ対策は、基本的に「アイドリングストップ」が前提となっている。マナーとしても環境的にも、現在の車中泊の潮流である「アイドリングストップ」はもちろん大切だ。しかし、暑くて眠れないだけでなく、熱中症のおそれもあるのが夏の車中泊。命の危険を感じたら……いや、命の危険を感じる前に、猛暑・酷暑の夜は、エンジンをオンにしてエアコンを利用してほしい。いくらマナーを守っても、体調不良を引き起こしたり、さらには重大な事故、最悪の事態につながってしまったりしたら、元も子もない。前章に書いたように、「命より大切なマナーはない」のだ。

さらに付け加えるならば、想像以上に気温が高かった場合などは、車中泊は断念して、旅館やホテルといったエアコンが利用できる宿泊に切り替えること。旅のスケジュール変更も視野にいれてほしい。

最近では、テレビやラジオ、ウェブサイトやアプリなど、精度の高い天気予報が気温上昇を的確に教えてくれる。夏の車中泊を楽しむのなら、毎日チェックを怠らないこと。それぐらいのマメさは必要だろう。

虫対策も重要な夏対策

夏の車中泊で気をつけたい注意点は、もうひとつある。それが虫対策だ。場所にもよるが、一般的な蚊、ハチ、アリ、ガといった虫はもちろん、河原や湖畔などで注意したいのはブヨ（地域によってはブトと呼ばれる）だろう。水辺に多いのが特徴で、かゆみを感じたら刺されていた、という人も少なくない。肌の露出が多い服装はご法度で、衣類の上からでも噛んでくることがある。

私も何度かブヨの餌食になったことがある。一番大変だったのは、いまから10年ほど前。管理釣り場のあるキャンプ場で、ＢＢＱを楽しんでいたら、足に猛烈なかゆみを感じたのだが、これといって対処せずに、ついついボリボリと掻いてしまっていた。当時、何も知らなかったことが原因のひとつだが、後日、マンガのように足首は腫れて、病院の先生に「なんでもっと早くこなかったの！」と怒られることとなる。

教訓としては、**水辺はできるだけ避けること**。外に出る際の服装は、できるだけ肌の露出が少ないものを。虫よけは体用とクルマ用を準備して、刺されたときのために準備もしておきたい。蚊などの場合は一般的な虫刺され用の薬でも大丈夫。しかし、ブヨなどの毒素が多い虫の場合を考えて、ポイズンリムーバーと呼ばれる応急器具なども準備しておくといい。噛まれた毒を空気で抽出する器具で、アウトドアショップなどでも販売されている。

虫刺されによっては、重症化する場合もある。先ほど書いたブヨもそうだが、すぐに病院に行ったほうがいい場合も少なくない。マダニなどの場合は、噛まれたら自分で皮膚から取り外すのは危険。必ず病院で処置してもらうようにしたい。

クルマ用の網戸も便利。すき間に気をつけてセッティングしよう

現在では、アイズの「**バグネット**」のように、クルマのドアに合わせた網戸も販売されている。自分で網戸をＤＩＹする人もいるが、小さなアリがすき間から侵入してくる場合もある。継ぎ目の処理には注意したい。また、網戸にスプレーして使えるような虫よけ用の薬剤もあるので、併用するとよいだろう。

さらに最近では、生地に虫よけ用薬剤が練り込まれたアウトドアウェアも人気を博している。夏の車中泊で重宝することはまちがいない。

集中豪雨と台風を回避する

災害大国・日本といわれるようになって久しい。地震だけでなく、大雨や台風も毎年必ず各地を襲い、大きな被害をもたらしている。一部の車中泊ユーザーが「車中泊は台風に強いので大丈夫。直撃しない場所に逃げればいい」とＳＮＳで書いていたのを目にしたことがある。

これは半分当たりで半分外れ。では、50％の確率で「安全」かというと、まったく違う。これだけは明確に書いておきたい。車中泊は水害には弱い。「ゲリラ豪雨」や「線状降水帯」、さらには「数年に一度の大型台風」という言葉を、最近よく天気予報などで耳にするだろう。こういった異常気象の場合、単純な冠水だけでなく、川の氾濫なども多い。

まず覚えておきたいのは、**クルマは冠水したら動けない**ということ。そして、ドアは車外からの水圧で開かなくなる。窓が一般的な電動式の場合、水に浸かった時点で開かなくなる。つまり、車内から出られなくなる。

そのため**水害の場合、横移動の避難ではなく、縦（上）移動の避難が推奨**されている。また、万が一のときのために、窓ガラスを割るハンマーも車内に常備しておくことも覚えておいてほしい。

何度も書こう。車中泊は台風には強くない。ここが「外れ」の部分。

では「半分当たり」というのは、どういうことか？　これは「直撃しない場所に逃げ

平成30年7月豪雨。水害に対して、車はけっして強くはない

ればいい」という点だ。少し乱暴な言い方なので、もう少し丁寧にいうと、台風や大雨、異常気象が来るとわかっている場所で、わざわざ車中泊をする必要はないということ。日程や場所など、計画変更を随時行ってほしい。もしくは、車中泊をあきらめて安全なホテルや旅館での宿泊に変更する。最近の天気予報はとても優秀だ。毎日チェックして、安全に車中泊を行ってほしい。

この原稿を書いている2021年5月末、「大雨の警戒レベル」が変更されたので付け加えておきたい。レベル4の「避難勧告」と「避難指示」が「避難指示」に一本化され、レベル5の「災害発生情報」が「緊急安全確保」となった。しかし、車中泊をしている（する予定）ならば、レベル4や5になる前に対処することが望ましい。

ベストシーズンは秋！　でも油断は禁物

車中泊を始めるベストシーズンは？　と聞かれたならば、迷わず秋と答えるだろう。猛暑も積雪もなく、花粉もない。秋ならではの絶景や味覚も多く、長い夜は車中泊の楽しさを味わうのにピッタリ！

しかし、だからといって、注意点がないわけではない。念のため、秋ならではのポイントをここでおさらいしておこう。もっとも注意したいのは、先にも書いた台風だ。最近では、夏にも多く発生して日本列島を襲っているので、以前のような「秋ならでは」のイメージは薄れた。しかし、台風はもはや地域や期間限定の脅威ではない。つまり、秋であっても、引き続き注意が必要ということだ。

その他にも、**急激な気温変化**、徐々に早くなる**日没対策**が、秋の注意点として挙げられる。残暑が残る9月も初雪がチラつく11月も、同じ秋。気がつけば一気に季節は進む。いつまでも夏用のウェアやアイテムで過ごしていると、あるときから、寒くて寝られない！　なんてこともある。

さらに日没の時間にも注意してほしい。昔から、「秋の日はつるべ落とし」と言われるように、予想外に日が早く暮れるものだ。日照時間が長い夏のタイムスケジュールで行動していると、目的地に到着したころには真っ暗、なんてことも多々ある。車中泊スポット周辺の確認が何もできないまま就寝して、朝起きたら、びっくりするような危険地帯だった……なんてことも考えられる。日の出・日の入り時間は、地方によっても異なる。旅先ではこまめにチェックして、余裕をもって移動しよう。時間を持て余しそうな気がしても大丈夫。逆に、朝日・夕日の絶景を見られるチャンスと思えばいい。

冬の冷え込み、凍結、積雪対策

車中泊のベテランにとっては、冬の困難度は夏ほどではない。寒さ対策も「暑さ」に比べれば、いろいろと手が打てる。とはいえ、知っておきたい知識と準備は必要だ。冬の車中泊には3つの難敵がある。それは、「冷え込み」「凍結」「積雪」だ。それぞれに注意点があり、準備が必要といえる。

第一に行いたいのが**「冷え込み」対策**。もちろん、地域によって温度差はあるものの、冬の夜はとにかく冷え込む。ある程度、衣服の厚着で対処できるが、それでは限界がある。衣類の装着にもコツがあるのだ。まずは体の冷え込み対策として**「重ね着（＝レイヤリング）」**を覚えておくといい。

これは単なる「厚着」とは異なり、理論的にアウトドアシーンで推奨されている機能的な着こなし術だ。インナーは化学繊維やウールを使用した下着的なもので、速乾性に

寒さ対策の基本は重ね着。冬用のインナーの上にダウンなど中綿入りのウェアを重ねよう

優れ、湿気を放出することで体温が下がることを防いでくれる。ウールのように起毛素材のものや、化繊による発熱ウェアも最近は人気がある。

このインナーの外側に、ダウンや化繊の空気を含みやすい素材を重ね着する。ロフトと呼ばれる中綿の再現力により、空気の層をまとうことができ、冷え込みを防止してくれる。これがアウトドアシーンで長く受け継がれている重ね着のポイントであり、体の冷え込み対策のひとつ。このウェアに、羽毛布団や冬用の寝袋を使用すれば、よほどの冷え込みでないかぎり、きっと寝られるはず。

さらに、クルマの冷え込み対策も行えば、寒くて寝られないということは絶対に減る。車内に冷気を伝えてしまっているのは、ずばり窓ガラス！　窓ガラスに内張りもしくはカーテンをすれば、冷気はかなり減らせる。内張りは、シェードと呼ばれる目隠しでも代用できるが、ペラペラでは意味がない。厚さ5ミリ以上の銀マットやエアパッキングがおすすめ。

市販品も多数出ているが、おすすめはアイズから出ている「マルチシェード」だ。4種類の素材を組み合わせた独自のキルティング加工により、断熱効果は絶大だ。

そして**凍結対策**も重要だ。走行時の凍結対策については、たくさん注意点はあるが、ここでは「車中泊」としてテーマを絞って紹介したい。

車中泊でよくある事故は、深夜もしくは朝方。トイレに行くために車外に出たとたん、路面が凍結していて転んでしまうこと。不意の転倒は大ケガに繋がることも多く、軽く考えてはいけない。

対策としては、簡易的な**布製の滑り止め**を使用すること。積雪の多い地域では、量販店などでも販売されており、いまなら通販でも購入できる。山歩きを楽しんでいる人のなかには、簡易アイゼンを使用する人もいるようだが、トイレ内は凍結していないので刃がコンクリートなどの地面を傷つけることもあり、あまりおすすめはしていない。

また駐車する位置も大切で、水がたまって凍結しそうな場所にはクルマを止めないようにすること。これは夜間のトイレだけでなく、いざクルマのエンジンをかけて出発する際に、事故になりやすいからだ。

そのほかにも、**鍵穴やワイパーの凍結などにも十分注意を払いたい**。やはり、凍結対策用品も準備しておくべきアイテムだろう。フロントガラス用の凍結防止マスクや、凍結時に吹きかける融解スプレーなどは、車載しておくと安心だ。

エマージェンシー用にバッテリーをつなぐジャンプコードはいうに及ばず。ボディに積もった雪をはらうスノーワイパーや、雪かき用の軽量スコップなどもあると便利だ。

さらに、冬のクルマ旅の注意点をもうひとつ。前章で紹介したように、ウォッシャー液や燃料となる軽油には「寒冷地」仕様のものがある。特に軽油はディーゼル車オーナーでないと、なかなか知る機会が少ないかもしれない。

ガソリンと異なり、寒冷地で凍結することがあるという軽油。そのため、北海道や東北では寒冷地仕様の軽油が、ガソリンスタンドで販売されている。冬に極寒の地を走行するなら、**現地での給油をおすすめ**する。同じ理由でウォッシャー液なども寒冷地仕様に変更しておくか、濃度を濃くしておくといいだろう。

最後は**積雪対策**だ。クルマ旅を楽しむなら、冬期はスタッドレスタイヤの装着は必須であり、さらに念のため、タイヤチェーンも必ず車載しておきたいところ。しかし、そこまで準備していても、大雪が予想されるときは絶対に避けるべきだろう。最近では、2020年12月に起こった関越道の立ち往生を思い浮かべてもらえればわかりやすい。

悪天候だってクルマがあるから平気、というのは台風同様に大きな勘違い。積雪の状

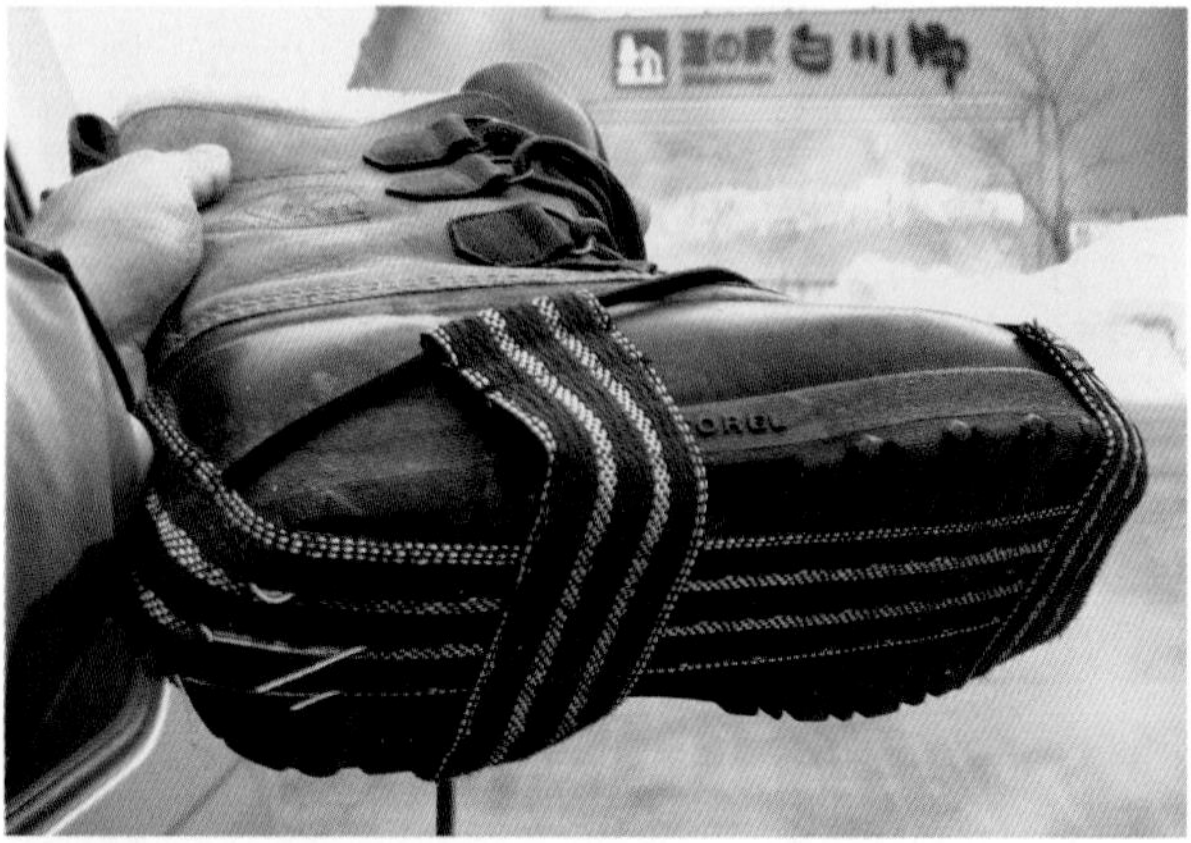

布製の滑り止め

緊急時、バッテリーをつなぐジャンプコード類

スノーワイパーやスコップも、雪対策には欠かせない

況にもよるが、あくまで「テントよりは」クルマのほうが安全というレベル。大寒波や大雪と天気予報が教えてくれている場合は、クルマより安全で暖かい建物で、暖かい部屋とフカフカの布団で寝たほうがいいに決まっている。

どんな名所であっても、悪天候で訪れては大きな感動を得られるはずもない。そもそも命に関わることもある。事前に旅先や現在地の悪天候を把握したら、ここは潔く計画変更を行うべき。出発日をスライドさせたり、一日、宿で中休みをつくったりしてもいい。訪問先も変更して、まずは安全第一の行動を。

出発時に雪は止んでいても、雪かきをしなければいけないこともある。道路が大渋滞であれば、どちらにしろ予定は大きく変わる。ここは、車中泊のクルマ旅だからこそ、フレキシブルなスケジュール変更が可能ということを大いに役立てたい。

また積雪時には、エンジンオンのまま車中泊を行うと命に関わる。就寝中に積もった雪がマフラーをふさぐと、車内に排気ガスが逆流する。寝ている間に一酸化炭素中毒となり、最悪の場合、死亡してしまうケースも少なくないからだ。

冬の車中泊であっても、アイドリングストップは基本中の基本。とはいえ、冬の旅先で急に寒波に襲われることもあるかもしれない。そんなときは、夏の暑さ対策と同様に、エンジンをかけて、迷うことなくエアコンのスイッチをオンにしてほしい。いま寒さを凌がなければ生死に関わるときに、アイドリングストップにこだわる必要はない。

ただしその際も、積雪への注意は忘れずに。クルマ全体が埋まらなくても、マフラーが埋まれば危険だと、覚えておきたい。そこまでひどい状況に陥る前に、何回も書いているとおり、クルマを走らせ、近くの安全な場所に逃げ込む決断も必要だろう。

冬対策の最後に、**ＦＦヒーターという伝家の宝刀**があることも紹介しておきたい。これは、燃料式の暖房器具で、クルマに装着して使用する。エンジンを止めても使用することができるので、キャンピングカーなどに装備されていることが多い。燃料はクルマから流用するが、消費燃料はひと晩で1リットル前後。燃焼部が車内にないので、一酸化炭素中毒になる心配もない。

サブバッテリーのシステムが必要だが、このＦＦヒーターがあれば、先に紹介した寒さ対策は必要なくなる。残念ながら、素人がＤＩＹで装着するのは危険！　ということで、キャンピングカーショップやカーショップといった専門店での装着が必須といえる。

積雪時には、雪がマフラーをふさがないように注意！

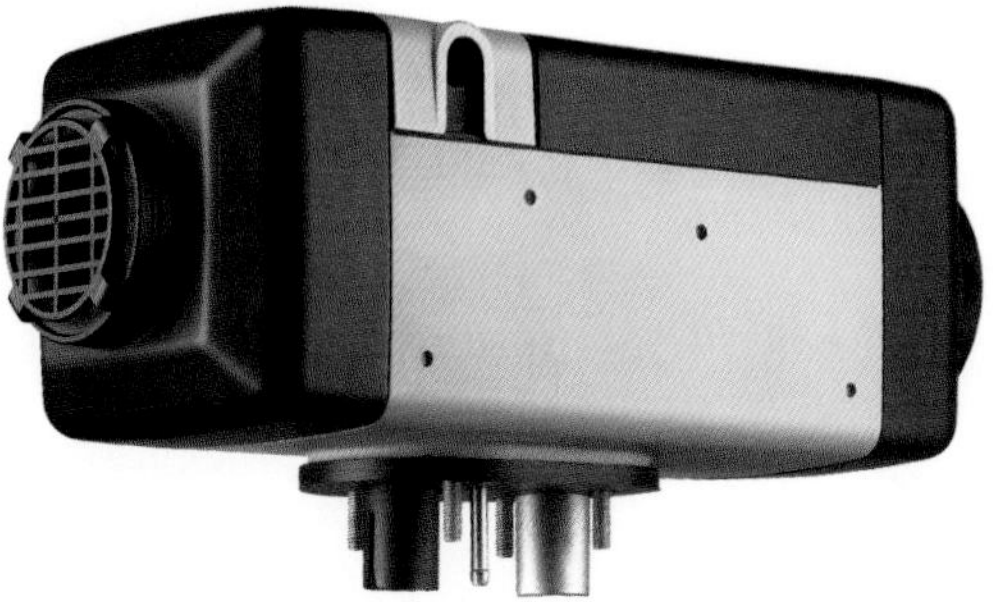

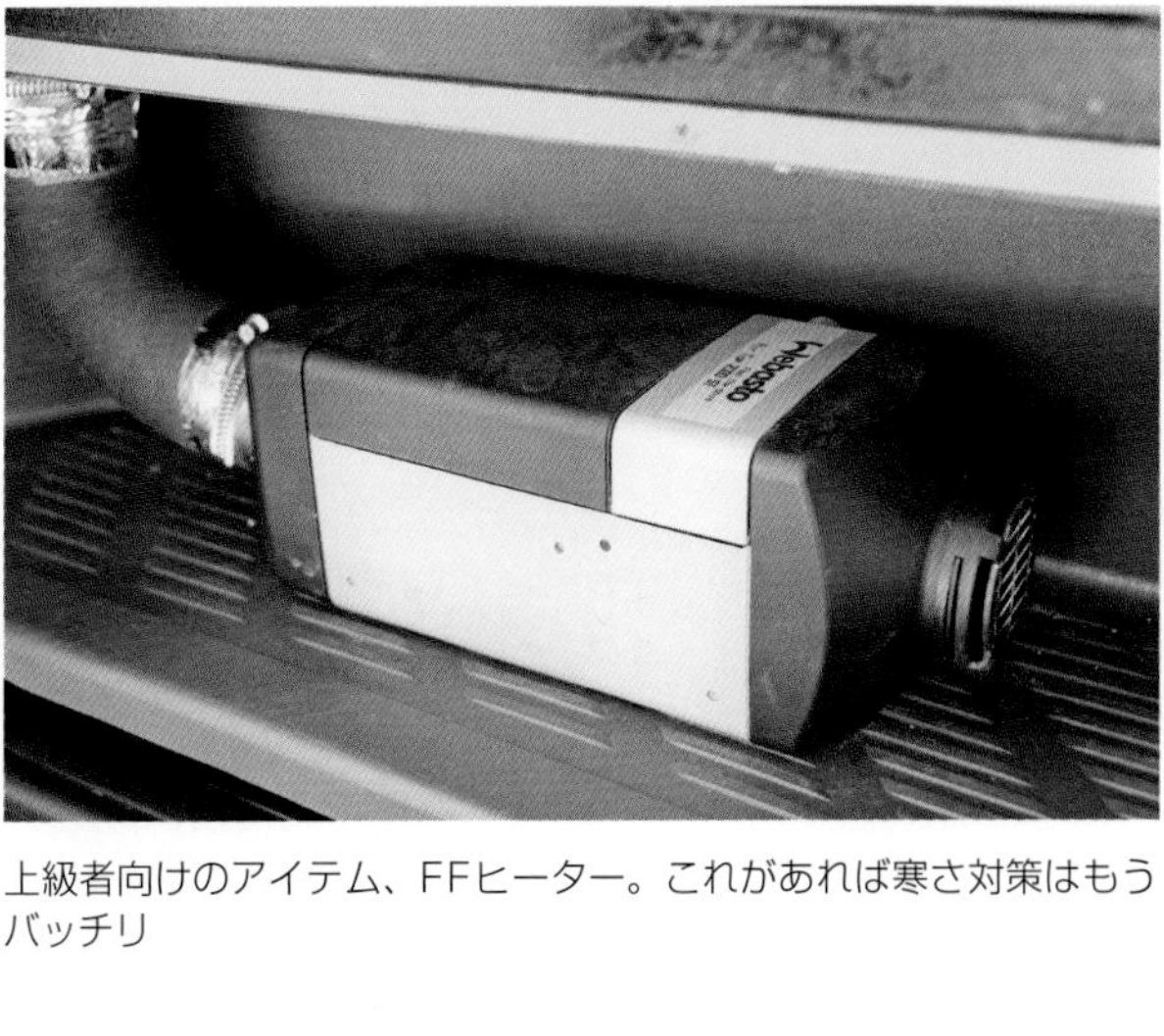

上級者向けのアイテム、FFヒーター。これがあれば寒さ対策はもうバッチリ

第六章

車中泊をさらに充実させるために

各地の名産を味わう

車中泊がアウトドア・アクティビティの「手段」として広がってきた経緯は、先に述べた。そこからさらに、新しいクルマ旅のスタイルとして、車中泊は進化と深化を重ねているのが現在だ。では、具体的にどのように活用されているのか？　この章では触れてみたい。

まずは、旅の醍醐味ともいえる各地方の名産が味わえること。もちろん、鉄道や飛行機での空の旅でも、各地で名産を食べることはできる。しかし、クルマ旅のポイントは、ピンポイントでの楽しみ方ではなく、「点」を繋げて「線」にできるところだろう。通常の旅ではどうしても、目的地に行って、楽しんだら帰るというピストン型になることが多い。

しかし、車中泊を活用したクルマ旅ならば、目的地に到着して名産を堪能したのち、翌日は現地で見つけた隣町の名産を味わいに行ける。気ままに「横」にスライドできるのだ。購入したおみやげはクルマに積めるし、その夜に車内で食すこともできる。もちろん、現地の食堂やレストランで食べてもいい。地元の人から情報を集めて、ガイドブックに載っていないお店を探すのも楽しい。

おすすめは、**地元の人々が日ごろの買い物で使うローカルスーパー**だ。観光用ではない食材が、リーズナブルに手に入る。全国展開しているスーパーであっても、地域ごとに店頭に並ぶ食材は異なる。ぜひとも気軽に立ち寄って、車中泊用の食材を仕入れて堪能してほしい。おみやげもきっと見つかるはずだ。

ちなみにわがカーネルスタッフにも、ローカルスーパーやコンビニ好きがいる。出張となると、探してでも立ち寄り、仕入れのように購入してクルマに戻る。発送などができないので、ここではクルマの積載力が強みとなる。

旅先で出合う温泉

国内旅行の楽しみのひとつが、入浴だろう。地元の銭湯はもちろん、健康ランドのようなお風呂付きのレジャー施設やスーパー銭湯、そして本格的な温泉まで、日本にはさまざまな入浴施設がある。

温泉を目的にした、車中泊の旅をしている人もいる。クルマなら、先ほど紹介した名産めぐり同様に、「横へのスライド」が容易だからだ。

ただし気をつけたいのは、温泉をハシゴするとき。お風呂に入るのは意外と体力を消耗するものらしく、温泉地で風呂めぐりをし、2軒、3軒と寄っていくうちに逆に疲れがたまってしまうこともある。体が温まって、眠気を催す人もいるだろう。また、温泉によっては効能が強力すぎて「湯あたり」を起こす場合も考えられる。冬場なら湯冷めをして風邪を引くということもあり得る。その日そのときの体調には、いっそう気をつ

北海道をメインに展開しているローカルコンビニ「セコマ」と、長野のローカルスーパー「ツルヤ」。ご当地のお店めぐりは、車中泊旅の醍醐味！

けるようにしよう。

神社仏閣、名城などの史跡めぐり

歴史好きが各地の史跡めぐりで車中泊を活用することも多い。特に名城や神社仏閣はマニアも多く、クルマでめぐる人はそれほど珍しくない。お城は各地にあるものの、現存する天守閣はわずかに12城。北は青森県の弘前城から、南は高知県の高知城まである。これらを一気に回るというよりは、お城をメインにしながら、その周辺の関連する史跡をめぐるのに、クルマが便利ということなのだろう。

神社仏閣に関しては、京都・奈良以外は名城めぐりと同様。しかし、京都・奈良に関しては、クルマは駐車場に置いて、公共交通機関を利用するほうが便利な場合もある。ポイントは、その際にどこに駐車して基点とするか？　これは都市部の観光も同じで、あえてクルマは使用しないテクニックも覚えておきたいところ。

逆に神社仏閣めぐりのなかでも、クルマさらには車中泊を大いに活用できるのが、**四国の八十八カ所めぐり**だろう。以前には、カーネル本誌内でも軽キャンパーで八十八カ所をめぐるレポートを連載し、人気を博していた。

車中泊であれば、体にも財布にもあまり負担をかけずに四国を回ることができる。そのため、おもに60代以上に、ソロでの車中泊でチャレンジする人が多いようだ。

八十八カ所をまとめて一気に回ることもできるが、いくつかの日程に分けて回ることもできる。そして、スケジュールのなかに四国観光も兼ねて計画を立てることができることが、車中泊を活用するおもな要因といえるようだ。

車中泊だからこそ見られる絶景

車中泊の特徴として、時間と場所をフレキシブルに組み立てられることが挙げられることは、ここまで十分に紹介してきた。もちろん、車中泊が可能な場所という大前提はあるが、お気に入りの場所で朝を迎えるという至福の時間が味わえる。リアゲートを開けて、自然を感じながら飲むモーニングコーヒーは、一度味わうと病みつきになる。

絶景を見られる場所で車中泊はできなくても、近隣で車中泊可能な駐車場を確認しておき、朝日や夕日を眺めに一時移動してもいい。このフットワークの軽さが大きなポイント！　公共交通機関が動いていない時間や場所でも、手軽にすばやく移動や準備ができるのだ。

ちなみに、カメラマンには車中泊を活用する人が多い。キャンプであれば、車中泊同様に時間を選ばず野外で活動できるが、テントを張る場所や時間、手間や道具が必要となるので、身軽さは車中泊に軍配があがる。

アウトドア・アクティビティとの親和性

そもそも車中泊が広く親しまれるキッカケとなったのは、スキー・スノボ、釣り、山

車の中にいながら、自然や絶景を眺めることも

登り、サーフィンなど、アウトドア・アクティビティの手段であったことが大きい。これだけ多くの車中泊スタイルが増えてきても、そういったアクティビティとともに、車中泊を行う人たちもまだまだ健在だ。

彼らの特徴は、車中泊を楽しむというスタンスもなくはないが、それよりも機動力の高さに重点

車内でくつろぐワタシを、ドローンから

を置いていること。さっと寝て、さっと起きる。そして、さっと移動して、目的のアクティビティを楽しむ。

クルマの装備もアクティビティに合わせたものが多く、釣り竿が天井部に置けるようにロッドホルダーが装着されていたり、サーフボードや自転車が車内に固定できるようにイレクターパイプで

ＤＩＹされていることもある。もちろん、車中泊できる寝床のスペースは確保しつつ、だ。つまり、クルマの大きなアドバンテージともいえる積載力が、その機動力とともに、アウトドアで車中泊を行う人を増やす要因となっているのがわかる。

車中泊＋キャンプの魅力

アウトドア・アクティビティと親和性が高い車中泊だが、同様にキャンプとの相性も悪くない。しかし「フレキシブルに行動する手段」として行う車中泊とは、そもそもの活用方法は大きく異なる。キャンプ行為をプラスした車中泊の場合、テントの代わりにクルマで寝る、という「滞在する手段」として車中泊を行うからだ。

この場合、スキー・スノボや釣りの場合のように「さっと寝て、さっと起きる」ためでなく、「いかに快適に寝るか」そして「滞在する楽しみ」が重要視される。そのため、使用するアイテムも車内で完結するものではなく、キャンプ場で車外に広げるテーブルやイス、ツーバーナー、タープなどを使用する人が多い。

なかでも近年人気を集めているのが焚き火だろう。オートキャンプ場ではもちろん、RVパークでも、焚き火台を使用すればOKというところも増えてきている。就寝はクルマだが、それ以外はテントでのキャンプとなんら変わらないスタイルで、車中泊を行う人たちだ。

テントで寝ることもあれば、クルマで寝ることもある。訪れる場所やメンバー、スケジュールや目的によって使い分ける車中泊キャンパーたち。彼らがいまの車中泊ブームの一端を担っているのは、きっとまちがいないだろう。

そして、そういった車中泊キャンパーが増えてきたことにより、いま問われているのが車中泊のマナーだ。重要なのは「車中泊＝キャンプ行為」ではないということ。これをしっかりと理解して、禁止されている場所でのキャンプ行為は決して行わないこと。テーブルぐらい、イスぐらい……という軽い気持ちが、その場所を一緒に使用している人たちに迷惑をかけることになり、ひいては日本全国の車中泊愛好家全体に迷惑をかけ

釣り竿やサーフボードを積んで、アウトドア・アクティビティを楽しむ

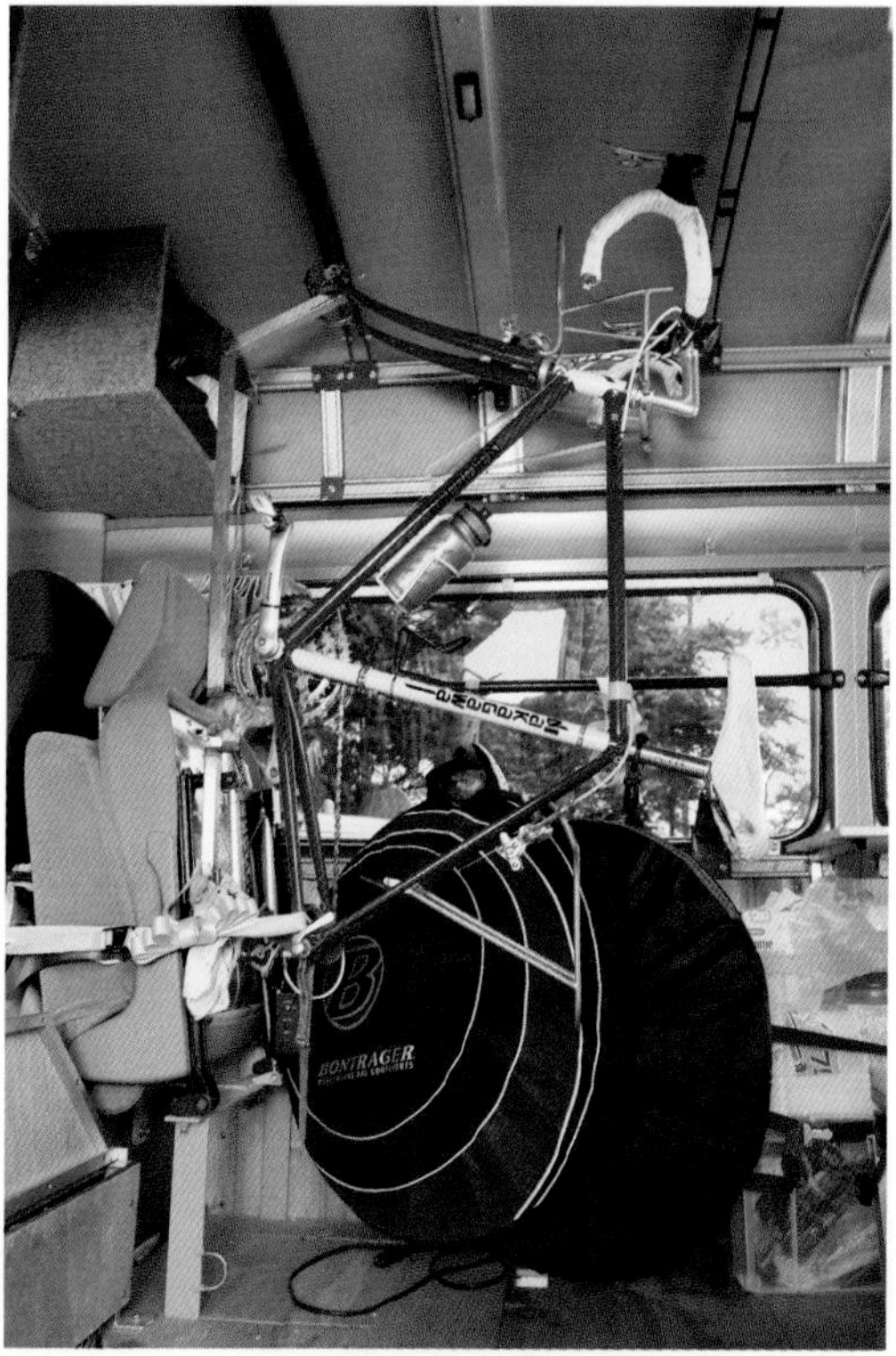

DIY次第で、自転車を積む装備もできる

ることになる。肝に銘じておきたい。

より深まる絆と思い出

車中泊を楽しむ場合、クルマによるが、どうしても車内で就寝できる人数は限られてくる。そのため、ソロもしくは夫婦、多くても3人程度のメンバーで楽しむことが多い。さらに、いかに快適な車内であっても、自宅やホテル、旅館などの部屋とは比べられないほど車内は狭い。そんななかで一定期間、一緒に旅をするのだから、ある程度は親しいメンバーでないと、メンタルが疲れてしまうだろう。そのため、メンバー選びは慎重になる。

しかし、逆にこの「近さ」がさらに強い絆を生むこともある。車中泊のような非日常感は、そうそう味わえるものではない。旅先で感じた感動を共有するなら、車中泊ほど最適な空間はあまりない。

以前、ＮＨＫの車中泊取材を家族で受けたことがあるが、「家族で」というオーダーだったため、妻と娘と３人で山梨へ向かった。そこで見たのは、父親の私がもはや自宅で見ることが減ってしまった娘の笑顔！　なんだか複雑な思いもありつつ、単純にうれしかったのを思い出す。

子どもなら、きっと……いや絶対に車中泊を楽しく感じてくれるはずだ。だって、本書冒頭に書いた「押し入れ」体験が、リアルに感じられるのだから。夫婦やカップルなら、どうか？　もちろん車中泊が合う合わないは人によるところも大きい。しかし、夫婦やカップルであっても、その距離を縮めてくれるツールとして、やはり車中泊をおすすめしたい。ふだん自宅では話せないことも、距離の縮まった車内で過ごす夜なら、改めて心を開いて話してくれる、かもしれない!?

気心のしれた家族や仲間と、焚き火を囲むひととき

ペットと一緒に旅ができる

車中泊やキャンピングカーでの旅を選ぶ理由の上位に、必ず入ってくるのがペット同伴の旅ができる、という点だ。ホテルや旅館のなかには、ペット同伴で宿泊できるところもかなり増えてきた。しかしまだまだ絶対数は少なく、行きたいと思っている旅先に必ずあるとは限らない。その点、車中泊のほうがペット旅はプランニングしやすい。

ペットといっても、一緒に旅するくらいなのだから、もはや家族同様と言っても過言ではない。人間とまったく同じというわけにはいかないが、ある程度は一緒に旅の感動を共有したいと考えるのは、至極当たり前の話だ。

もちろん、リードの徹底やキャリーに入るクセづけなど、犬も猫も車中泊を行ううえでの注意点は多数ある。慣れないうちは、クルマ酔いをする犬や猫も少なくない。また、知らない野外に連れていかれて、犬や猫も興奮したり緊張してしまったりすることも考えられる。そのため、いきなり遠く、そして長いクルマ旅に連れていくことはせず、まずは近場で慣らしてから、徐々に距離や日程を延ばしていくようにしたい。

そして、糞尿の始末など、ペット連れに問われるのはここでもマナーだ。野外だから大丈夫、ということは通用しない。逆に自宅ではない公共の場ということを考えれば、守ることは多くなる。首輪やリードだけでなく、名札を付けたり、マイクロチップを入れたりするなど、脱走と事故防止には全力で努めること。

クルマ旅や車中泊に、どうしても合わない犬や猫もいる。神経質で繊細、警戒心が強い場合、旅は苦境でしかない。絶対に無理をさせないこと。合わないと感じたら、旅の途中でも計画変更を。ここでも、車中泊とクルマ旅だからこその自由さが活きてくるはずだ。

ペットを連れていくときは、彼らのストレスにも気を配りたい

ＤＩＹで自分流の車中泊仕様を製作する

車中泊の楽しみ方のひとつとして、忘れてはいけないものにＤＩＹでのカスタムがある。旅を楽しむことは、もちろん本流だ。しかし、その旅をいかに快適にするか？　を考えて、クルマを自分流に換装するのも、じつはとっても楽しいのだ。

ベッドを製作したり、ボディの内張りをウッドパネルに変更したりするのは、もちろん上級者のテクニックが必要となる。腕を上げて、いつかはチャレンジしてもいいのだが、まずはもっと初級者でもできるＤＩＹからトライしたほうが無難だろう。

ＤＩＹビギナーは、銀マットをカットして製作する目隠し用のシェード、もしくは車内で使用するミニテーブルや小物入れなどを製作することから始めてみるのはどうだろう？　そして徐々に工具や経験値を増やしていく。これがうまくいくと、車中泊用に製作したアイテムを試すために、わざわざ車中泊をする……なんていう、本末転倒な旅にハマったりしがちだ。もちろん、楽しい本末転倒である。

ＤＩＹは大変だし苦手、という人は、１００円均一ショップやホームセンター、アウトドアショップで見つけたアイテムを、車中泊仕様にカスタムして使用するだけでも、十分にその魅力は味わえる。ＤＩＹはもちろんだが、軽カスタムであっても、内装を「自分だけの仕様に変える」という行為が、さらに秘密基地感を向上させるようだ。

そして実際に使用してみて、うまくいった点を確認しつつ、失敗した点をさらに改善して旅に出る。その繰り返しが車中泊を終わりなき趣味にしていくのかもしれない。だって、旅する場所や季節、メンバーや日数などによって、快適性は大きく変わるし、同じ人間であっても、歳を重ねれば快適と感じる感性は変わるかもしれないからだ。

まさに終わりなき旅!?　いつまで経っても楽しめるのが車中泊なのだ。

憧れのキャンピングカー

ここまでは一般車で車中泊を行うスタイルをメインに、車中泊の魅力や注意点を紹介してきた。しかし、そんなチマチマした努力を一発で達成できるクルマがある。それがキャンピングカーだ。

軽自動車やコンパクトカーをベースとした簡易キャンパーから、ハイエースなどのワンボックス車やミニバンをベースとしたバンコンバージョン（バンコン）が人気のカテゴリー。しかし、トラックをベースとするキャブコンバージョン（キャブコン）や、バスをベースにしたバスコンバージョン（バスコン）、さらには牽引が必要なトレーラーなどまで、キャンピングカーとひと言で言っても、その種類は多数あり、カテゴリーはかなり細分化されている。

しかし、どのモデルであっても、キャンピングカーの命題である「快適に寝る」ことに関しては、一般車では足元にも及ばない。高額なモデルでは、寝るだけでなく、車内で「生活」することも念頭において、リビングやキッチン、空調設備が完備されているモデルも多々ある。

問題は購入価格と維持費、そして駐車場の確保と運転の慣れだろう。これがクリアできるのであれば、キャンピングカーで楽しむクルマ旅のほうが、「ハズレ」は少ないはずだ。

ただし、キャンピングカーと一般車での車中泊は、似て非なることも多く、楽しむ要素も少し異なる。車中泊という同じベクトル上にあるのはまちがいないのだが、「走る押し入れ」という「一般車での車中泊」に対して、「走るワンルーム」というのがキャンピングカーのイメージ。特にキャブコン以上は車中泊のフットワークの軽さはスポイ

ルされる。その代わりに快適さが無条件に付いてくる。そもそも車中泊に豪華さを求めるならば、お金を貯めてキャンピングカーの購入をおすすめする。

最近ではレンタルキャンピングカーも増えている。試しに一度借りてみても面白いだろう。通常のクルマ旅とまたひと味違った、セレブな旅が味わえる。

第七章

車中泊の新しい活用法

車中泊でのリモートワーク

新型コロナウイルス感染症の世界的な蔓延により、これまでの生活様式が一変した2020年。この原稿を書いている2021年5月でも、まだその猛威は衰えてない。そんななかで、車中泊の新しい活用法が注目されている。

それが**クルマを使用したリモートワーク**だ。メインはキャンピングカーだが、テーブルやイスのある車内で、電化製品が使用でき、人と交わりづらい個室なのだから、なぜ注目されるのかもわかる。一般車での車中泊の場合、ここまでキャンピンカーほどではないにしろ、ある程度の設備があれば対応できる。

まずは、いま人気のポータブル電源。ＰＣやスマホを気兼ねなく使用できる。さらにＰＣを置くミニテーブル。さすがに膝の上にずっと置いてキーボードをたたくのは、長時間はしんどい。そして最後はインターネット回線。施設によっては無料で繋がるところもあるが、やはりどうしても弱い。Wi‐Fiルーターもしくはスマホによるテザリングを使用する場合がほとんど。5G回線になれば、そういった苦労も減るので、ますますクルマによるリモートワークが増えていくことが予想されている。

ワーケーションにもクルマは活用できる

リモートワークの一環として、最近話題にあがるのが「ワーケーション」だ。「ワーク」と「バケーション」を足した造語で、各地方で休暇を楽しみながら仕事も行うという新しいスタイル。

リモートワークとも重なるところもあるが、ポイントは自宅や仕事の出先ではなく、「休暇」で訪れているリゾート地などで、仕事をするというのがワーケーションだ。ここにクルマを関連付けるならば、やはり車中泊の旅となる。

必要なアイテムは、リモートワークと同様。そこに「絶景」やキャンプ場などのアウトドア・フィールドが「足される」。近ごろＳＮＳなどでよく目にするのが、リアゲートを上げて、外の自然を感じながらノートＰＣを広げて、仕事をしている風景だ。

車中泊なら、わざわざホテルや旅館でなくても十分にワーケーションを行える。ポイントは、リモートワークと同様に、インターネットが繋がるかどうか。特にワーケーションの場合、電波が届かない場所ということもありうる。その場合は、「デジタル・デトックス」という考え方もある。ネットが繋がりにくい環境をあえて活かし、集中して作業をしたり、考えごとやイメージをする時間にあてたり。ネット回線が必要のない仕事を進めつつ、通信がスムースに行える場所に移動した際に、一気にモードを切り替えるやり方もある。

これも、自由に動くことができるクルマ旅の利点を活かした活用方法といえるだろう。

バンライフに挑戦したい

そもそもバンライフとは、欧米で流行した**車中泊をしながら多拠点生活を送るライフスタイル**。ＶＡＮ（バン）とＬＩＦＥ（ライフ）を足した造語。いま日本でも、20代後半から30代、そして40代前半を中心に大きな広がりを見せている。車中泊がここまでブームになっているのは、このバンライフ人気によるところも大きい。

２０１１年にラルフローレンの元デザイナー、フォスター・ハンティントン氏がクルマ旅に出かけて、その様子を紹介したことがその始まりともいわれている。

おおまかなイメージとしては、フォルクスワーゲン（ＶＷ）のタイプ２（バス）に、ウッドパネルが施された内装、そしてスタイリッシュなアイテムやウェアなどが挙げられる。しかし日本においては、独自にそのスタイルは変化し、さらに多くの人たちがバンライフを楽しんでいるのが、最近の状態だ。

クルマもVWだけでなく、キャブコンや一般車での車中泊でバンライフを名乗っている人も少なくない。そもそもは「アドレスホッパー」や「ノマドワーカー」といった多拠点生活者のクルマ版を、日本ではバンライフと呼んでいたと記憶している。しかし、現在では「生活」ではなく、バンライフ風のクルマで週末に「旅」をするスタイルが、バンライフのメインスタイルとして認知され始めている。

もちろん現在の日本でも、本当に「生活」をしているバンライフ実践者もいる。しかし、ほとんどはバンライフのスタイルに憧れをもち、クルマ旅を週末に楽しむ一般人、というのがその実態だ。

一部では、「映える」風景やバンライフの様子を動画で発信するインフルエンサーやYouTuberが目立つが、それはバンライフの一部に過ぎない。とはいえ、新しい車中泊のスタイルとして根付き始めているバンライフは、今後も広がっていくことが予想できる。

ここで念のため注意したいのは、浮浪生活をおくる車上生活者とバンライフは一線を画すということ。本場アメリカでは、ヒッピー文化と重なることもあり、車上生活者とのボーダーラインが、一部あいまいな部分もあるという。

しかし日本においてバンライフは「車中泊を行うライフスタイルのひとつ」という位置づけで、車上生活者とは明らかに違う。仕事はしっかりこなし、拠点のひとつに「現住所」を置いて、税金もしっかり払っている。住む場所がなくてクルマで暮らしているわけではないということをまちがえないでほしい。

車中泊避難は被災時の選択肢のひとつ

「車中泊＝エコノミークラス症候群＝悪」というレッテルを貼られた熊本地震から、2021年で5年。本当はそれ以前から震災でのエコノミークラス症候群は発症事例があったのだが、熊本では死者まで出たため、より大きくクローズアップされる結果となった。

アメリカ流「バンライフ」

CALIFORNIA
2CMN012

しかし、すべての車中泊を行った人がエコノミークラス症候群を発症しているわけではない。さらにいえば、避難所生活を送っている被災者のなかにも発症した事例があるという。つまり、車中泊が悪いというわけではなく、その寝方に問題があるのだ。

私がいる「カーネル株式会社」は、雑誌『カーネル』の発行だけではなく、車中泊避難についてのセミナーなども開催している。被災した場合に備えて、安全に車中泊避難を行えるように、ノウハウを紹介した別冊も刊行した。そういった活動がようやく実を結び、自動車メーカーやディーラーから、講演やセミナーの依頼を受けることが多くなってきたのだ。

今後の車中泊の未来像として、レジャーで楽しむ車中泊のノウハウを応用した、避難の手段としての車中泊が繋がっているように思う。少しでも快適に寝るための基本は変わらない。それを、緊急時に「そこにあるもの」で応用して、平時の車中泊に近づけられるか？　そして被災を見越してクルマに積んでおくべきものは何か？　そういったリードを行っていけたらと思う。

とはいえ、我々は車中泊避難を全面的に推奨しているわけではない。被災しても、車中泊をせずに、避難生活が送れれば、それに越したことはない。しかし、現在のコロナ禍も含めて、予定通りにはいかないのが現状だ。被災時、家族に妊婦や乳児がいたら？　年配の親がいたら？　ペットは？　避難所に入れなかったら？　そういった不測の事態に、「車中泊避難ができる」という選択肢が選べることは重要なのだ。クルマという個室で、心身ともに少しでもリラックスできる状態がつくれれば、それは大きな武器になる。

そんなときのためにも、やっぱり一度、皆さんには車中泊を体験して、楽しんでほしいなぁと思う。クルマで寝ることに少しでも慣れておくこと。どのシートアレンジなら安眠できて、どういったアイテムがあれば不具合が改善できるかを知っておくこと。

車中泊をした経験が、きっと緊急時に活きてくる。それが楽しくて、一生の趣味になれば、なおいいよね！

熊本地震では、車中泊でのエコノミークラス症候群発症が問題となった。しかし、正しい方法で避難ができれば、それは選択肢になり得るのだ

あとがき

車中泊専門誌『カーネル』に携わって11年、2代目編集長になって6年。まさか車中泊をテーマに、自分が著書を書く日が来ようとは思ってもみなかった。読者の皆さん、ここまで自分の拙い文章を読んでいただき、本当にありがとうございました。

この「あとがき」の文章でさえ、じつはクルマの中で書いている。急遽、北海道でレンタルキャンピングカー&キャンプの撮影が入り、ニセコのキャンプ場で羊蹄山を見つつの作業となったのだ。この状況も自分らしく、そして本書の締めにふさわしい……なんて、勝手に思っているのだが、単純に執筆が遅れてしまっただけ！　関係者の皆さん、最後までご迷惑をおかけして申し訳ない。

さて、「クルマで寝る＝車中泊」という行為だけで、まるまる一冊の本を書いたというと、本書を手に取る前の人は「よくそんなにネタがあるね」なんて反応がほとんどだろう。しかし自分としては、まだまだ書ききれていないという思いもある。

この瞬間でさえ、車中泊はきっと進化している。新しく始めた人が、今までにない車中泊スタイルをスタートさせているかもしれないし、これまで長年楽しんできた人が、よりいっそう自分ならではのＤＩＹやアイテムを充実させているかもしれない。

同じクルマで寝るだけでも、年齢、性別、季節、場所、天気によって快適度は大きく変わる。もっといえば、同じ人であっても数年後に同じクルマで同じ場所で車中泊をすれば、きっとその感じ方は変わっているはず。車中泊にゴールはなく、進化と深化は絶え間なく続いているということだ。

ベースとなるクルマにおいても、自動運転やＥＶ化の波は、きっとこの後、大きな影響を与えるだろう。コロナの今後によっても、車中泊を取り巻く環境は変わる。僕はそんな車中泊の今後を、これからもしっかりと見ていきたいと思う。

学生時代、スキーで始めた車中泊から約30年の月日が経った。友人たちと行った車中泊から、家族、そして仕事仲間との車中泊となり、今はひとりでのクルマ旅も多い。

まだ幼かった子どもたちと一緒に行った車中泊は、忘れることがない思い出だ。でも、彼らが「少年・少女」の間に一緒にクルマで寝ることは、もうきっとないだろうな。逆に、大人に成長した彼らと一緒に車中泊の旅に出るのは、少し楽しみでもある。今度は孫も一緒に!?

きっと僕は、そんな彼らの子どもたちにも「秘密基地」や「押し入れ」の感覚を味わってほしくて、一所懸命に準備するんだろうな。そして、親になった子どもたちに、ひょっとしたら、この本を読むことをすすめていたりして！

さて最後になってしまったが、本書を執筆するにあたって、貴重な機会を与えてくれた中央公論新社の疋田壮一さんには、感謝の言葉しか見当たらない。粘り強く僕の原稿を待ってくれて、本当にありがとうございました。

そして、執筆する間、社内業務で迷惑をかけてしまった弊社スタッフにも、ここで感謝を伝えたい。カーネル株式会社の横山穂波、轟省吾、武林秀和の3名がいなければ、今回の仕事は引き受けられなかったと思う。本当にありがとう。

そしてそして、カバー写真で登場していただいた三沢真実さん、カメラマンの中里慎一郎さん、その他、写真掲載などでご協力いただいた皆さんにもお礼を。ありがとうございました。この「あとがき」を書いている間、ニセコで撮影を進めてくれた山下晃和さんにも感謝。つくってくれたキャンプ飯はとてもおいしかった。

いつもカーネルを大きな気持ちでサポートしていただいているナッツ株式会社の荒木賢治社長。荒木さんに出会えなければ、今のカーネルはなかったと断言できる。心よりお礼をお伝えしたいと思う。本当にありがとうございました。

最後は家族に。こんな僕の不摂生な生活に何も言わず、ひさしぶりに家に帰ると「おかえり！」と笑顔で言ってくれる。だからきっと僕は、無事にクルマ旅から帰ってこれるんだと、最近ようやく気がついた。それも本書のおかげかもしれない。

この本を書き終えて、いったん一区切り……にはけっしてならず、この後の予定もぎっしり詰まっている。とはいえ、まずは社会情勢が落ち着いてくれることが第一。以前のように気軽にクルマ旅&車中泊を楽しめる日が、また戻ってくることを願って、今回はPCを閉じたいと思う。

さあ、そろそろ焚き火の後始末をして、次の目的地に出発する時間だ。またどこかの旅先で、皆さんと会える日を楽しみにしています。もちろんクルマ旅、そして車中泊でね。

2021年6月9日

車中泊を楽しむ雑誌『カーネル』編集部 編集長

大橋保之

やってみよう！
車中泊浴

本文DTP◎今井明子
写真協力◎株式会社アイズ／稲垣朝則／加藤究／きらTV
／株式会社コイズミ／さいば☆しん
／株式会社ジェーピーエヌ／鈴木大地／中里慎一郎
／日本RV協会／日本を旅するうめの
／ベバスト ジャパン株式会社／Pet-RV株式会社
／槙野雄介／まるなな／三沢真実／宮重正存
／株式会社モンベル／株式会社ヤザワコーポレーション
／依田和明／渡辺圭史／カーネル株式会社（敬称略）

ラクレとは…la clef=フランス語で「鍵」の意味です。
情報が氾濫するいま、時代を読み解き指針を示す
「知識の鍵」を提供します。

中公新書ラクレ
730

カラー版《ばん》
やってみよう！ 車中泊《しゃちゅうはく》

2021年7月10日発行

著者……大橋保之《おおはしやすゆき》

発行者……松田陽三
発行所……中央公論新社
〒100-8152 東京都千代田区大手町1-7-1
電話……販売 03-5299-1730 編集 03-5299-1870
URL http://www.chuko.co.jp/

本文印刷……三晃印刷
カバー印刷……大熊整美堂
製本……小泉製本

Published by CHUOKORON-SHINSHA, INC.
Printed in Japan ISBN978-4-12-150730-3 C1275

中公新書ラクレ　好評既刊

L614 奇跡の四国遍路

黛 まどか 著

二〇一七年四月初旬、俳人の黛まどかさんは、総行程一四〇〇キロに及ぶ四国八十八か所巡礼に旅立った。全札所を徒歩で回る「歩き遍路」である。美しくも厳しい四国の山野を、施しを受け、ぼろ切れのようになりながら歩き継ぐ。倒れ込むようにして到着した宿では、懸命に日記を付け、俳句を作った。次々と訪れる不思議な出来事や奇跡的な出会い。お遍路の果てに黛さんがつかんだものとは。情報学者・西垣通氏との白熱の巡礼問答を収載。

L618 スイーツ放浪記

今 柊二 著

大の甘党である著者が、日本の甘味文化に思いを馳せながら、津々浦々のスイーツを食べ歩く！　定番洋菓子店、老舗甘味処はもちろん、気軽に入れる街の喫茶店、ファミレス、さらにはファストフードまで。お土産スイーツも盛りだくさん。各地を食べ歩くことで見えてくる「甘味」のルーツも必読！　著者のスイーツ愛が溢れ出て不思議とこちらまでシアワセな気持ちで満たされる、全国86店舗掲載&カラー写真多数の「おいしい」ガイドエッセイ。

L623 中国の世界遺産を旅する
――響き合う歴史と文化

湯浅邦弘 著

悠久の歴史を誇る中国には、その文化や思想の精華である世界遺産が数多く存在し、それ自体が素晴らしい歴史の教科書になっている。本書ではそのうち七件を精選、歴史的背景をふまえながら、それぞれの史跡をたどってみたい。兵馬俑の真の凄さとは何か。殷墟から出た甲骨は何を語るのか。敦煌文書で明らかになった古代の思想とは。万里の長城に現れた皇帝たちの思惑とは。歴史を書き換えた新発見も数多い、世界遺産をめぐる旅にでかけよう。

L626
素敵な石ころの見つけ方
渡辺一夫 著

どこにでも転がっている〝石ころ〟。しかしそれは、火山活動や自然環境などにより、長い年月をかけて地球のエネルギーが凝縮された唯一無二の造形であり、ロマンに満ちている。そんな石ころとの出会いに情熱を注ぎ、日本のみならず世界を飛びまわる著者が、見つけ方や楽しみ方を徹底ガイド！　美しい錦石はどこから流れてきた？　どっしりした餅鉄の正体は？　ヒスイとキツネ石を見分けられる？　さああなたも、素敵な石ころ探しの旅へ！

L631
秘湯マニアの温泉療法専門医が教える 心と体に効く温泉
佐々木政一 著

温泉は一生楽しめる深イイ～趣味です。現役医師の著者が自ら215箇所を巡って選んだ秘湯・名湯の数々を紹介。温泉の効能から、最新情報、心と体が健康になるための賢い温泉利用法を解説。また、温泉にまつわる言い伝えや歴史、温泉文化についても幅広く言及。知れば知るほど面白い雑学も満載。心も体もイキイキしてくる温泉へご招待します。温泉を楽しんで健康になる。一石二鳥の温泉ガイドブックとしても活用できます。

L632
ビンボーでも楽しい定年後
森永卓郎 著

見た目も若々しい人から一気に老け込んでしまう人まで、「定年後格差」が広がるなか、本書は、年金の範囲内で生活できる技術や態勢を説くとともに、生きがいづくりのヒントを盛り込みました。資産運用、住まいの選択、相続のポイントから、節約術あれこれ、トクする小ネタ集、対人関係の秘訣、ネットの活用まで、具体的知見をお届けします。全81本のまさに知恵の宝庫。本書は定年後を楽しむためのノウハウをまとめた現代人必須の一冊です。

L649
入門！ 自宅で大往生
――あなたもなれる「家逝き」達人・看取り名人
中村伸一 著

人の最期は、〝延命か否か〟の簡単な二元論ではない。食べられなくなったとき、息ができなくなりそうなとき、心臓が止まりそうなときはどうすればいいのか。同居家族がいない場合は。かかりつけ医との付き合い方は……。「家逝き」を望む本人と看取る側は何に備えればいいのか。「村」唯一の医師として在宅医療、介護、看取りを支援してきた経験から四つの「家逝き」の極意を伝授する。国が推進する在宅時代の現実的な「解」を提示する。

L682

駅名学入門

今尾恵介 著

「高輪ゲートウェイ」開業で一躍注目を集めた駅名。日本の駅名とは、そもそもどういうものか。その歴史的変遷から浮かび上がってくる、思想、そして社会的・経済的・文化的背景とは。さらに、「高輪ゲートウェイ」のようなキラキラ駅名はいかなる文脈から発想されるのか。駅の命名メカニズムを通して、社会構造の変化や地名との関係、さらに公共財としての意義や今後のあり方を展望する。多くの発見と知的刺激に満ちた本。

L698

東京レトロ写真帖

秋山武雄 著
読売新聞都内版編集室 編

15歳でカメラを手にしてから約70年。浅草橋の洋食屋「一新亭」を営むかたわら、趣味で撮りためた風景写真は、東京の貴重な記録となった。下町の風物詩や、よく知られた街の昔の姿、今は見ることがなくなった街の風景……。150枚以上の写真と逸話から、懐かしい景色が甦る。2011年12月から続く、読売新聞都民版の人気連載「秋山武雄の懐かし写真館」から72編を選んだ、中公新書ラクレ『東京懐かし写真帖』の続編。

L702

山へようこそ
――山小屋に爪楊枝《つまようじ》はない

石丸謙二郎 著

「爪楊枝が、山小屋にはなぜないのだろう?」。NHKラジオ「山カフェ」のマスターとしてもおなじみの石丸さんが、山で感じる些細な疑問の数々に答えます！　道具の選び方や、山小屋でのマナー。おすすめのストレッチ法や、大自然との触れ合い方、そして、一歩上の山の愉しみ方……。アウトドアの達人としても知られ、50年近く山登りに親しんできた著者による、山へのいざない。まずは近場の山から、週末あたり登りに出かけてみませんか?

L707

その日なぜ信長は本能寺に泊まっていたのか
――史談と奇譚

中村彰彦 著

織田信長が演出した「安土宗論」をへて本能寺の変が勃発した当時、京都の法華宗寺院はどのような状態になっていたのか。主家再興に奔走し非業の死をとげた山中鹿介と、毛利本家の血統を守った小早川隆景の運命を分けたものはなにか。渋沢栄一から見た大久保利通と西郷隆盛に対する人物評価の違いとは――。戦国・幕末の激動期を中心に、埋もれていたエピソードを発掘し、歴史の面白さを満喫させてくれるエッセイ54篇を収録。